오늘부터 작심만일

게으름, 의지력 부족, 미루는 습관을 이기는 마인드셋

오늘부터
작심만일

나건일 지음

비즈니스북스

오늘부터 작심만일

1판 1쇄 발행 2023년 1월 13일
1판 3쇄 발행 2023년 2월 3일

지은이 | 나건일
발행인 | 홍영태
편집인 | 김미란
발행처 | (주)비즈니스북스
등 록 | 제2000-000225호(2000년 2월 28일)
주 소 | 03991 서울시 마포구 월드컵북로6길 3 이노베이스빌딩 7층
전 화 | (02)338-9449
팩 스 | (02)338-6543
대표메일 | bb@businessbooks.co.kr
홈페이지 | http://www.businessbooks.co.kr
블로그 | http://blog.naver.com/biz_books
페이스북 | thebizbooks
ISBN 979-11-6254-320-7   03190

* 잘못된 책은 구입하신 서점에서 바꾸어 드립니다.
* 책값은 뒤표지에 있습니다.
* 비즈니스북스에 대한 더 많은 정보가 필요하신 분은 홈페이지를 방문해 주시기 바랍니다.

비즈니스북스는 독자 여러분의 소중한 아이디어와 원고 투고를 기다리고 있습니다.
원고가 있으신 분은 ms1@businessbooks.co.kr로 간단한 개요와 취지, 연락처 등을 보내 주세요.

작심만일

作心萬日

자신의 소중한 가치를 항상 간직하며
이를 이루고자 끊임없이 나아가는 상태

◆

대부분 사람은 작심삼일한다. 꿈, 목표, 희망과 같은 소중한 가치도 기껏해야 삼일살이다. 이제 우리는 작심만일을 추구해야 한다. 작심만일에서 '만일'萬日은 문자 그대로 1만 일을 뜻하기도 하지만 '항상'이라는 의미로도 볼 수 있다. 즉 내가 마음먹은 소중한 가치를 항상 간직하며 나아가는 상태를 뜻한다.

당신에게 가장 소중한 것은 무엇인가? 평생토록 간직하고 싶은 가치가 있는 가? 이를 달성하기 위한 목표 달성 방법을 알고 있는가? 올바른 성공 습관을 만들 수 있는가? 그리고 이것들을 평생 간직할 정도의 굳건한 멘탈을 가지고 있는가?

이 책은 당신이 작심삼일의 상태를 벗어날 수 있도록 도와준다. 그리고 스스로 정의한 성공의 길로 가는 작심만일의 비밀이 모두 담겨 있다.

당신을 성공으로 이끄는 마술은 존재한다

———

과연 이번에는 달라질 수 있을까? 이번에는 꼭 바라는 것을 이루고 성공하겠다는 결심이 작심삼일로 끝나지 않을 수 있을까? 해마다 연초가 되면 서점에는 사람들로 북적거린다. 분야별 매대마다 많은 사람이 둘러서서 책들을 살핀다. 특히 자기계발과 재테크 분야는 문전성시다. 여기에는 이번엔 꼭 목표를 이루고 '성장'하고 싶다는 마음, 더 나은 삶을 살고 싶다는 소망이 담겨 있다. '올해에는 다이어트에 성공해서 보디 프로필을 찍을 수 있을까?' '나도 경제적 자유를 달성할 수 있을까?' 스스로 질문해본다. 그러나 이내 한숨이 나온다. 지금의 나는 너무 부족하기 때문이다.

우리 모두에겐 꼭 이루고 싶은 목표가 있었다. 다이어트, 운동, 취업, 사업, 독서 습관 등 목표도 다양했다. 하나씩 도전해봤다. 큰맘 먹고 거금을 들여 PT도 했고, 독서 습관을 들이려고 책도 여러 권 구매했다. 투자 강의도 들어봤다. 하지만 사흘도 못 가 포기하기 일쑤였다.

이제는 작심삼일에서 벗어나야 한다

작심삼일할 수밖에 없는 이유는 항상 있었다. 현실에 발목을 잡히는 것이다. 갑작스럽게 프로젝트가 진행되거나 반강제로 야근을 하게 되어 퇴근 후 시간을 보장받을 수 없게 됐다. 그렇다면 어쩔 수 없다. 황금 같은 주말 시간을 투자해보자! 그렇게 눈물을 머금고 주말에 시간을 내기로 한다. 아니나 다를까, 갑자기 가족 행사가 생긴다. 가족 행사가 끝나니 몸과 마음이 지친다. 아무것도 하기 싫어진다. 결국 목표를 달성하지 못하고 제자리걸음에서 멈춘다. '올해 바쁜 것만 끝나면 진짜로 달라질 거야'를 되뇌며 자신을 달랜다.

조금은 억울하다. 생각해보면 주변의 그 누구보다도 바빴던 것 같다. 물리적 시간도 부족하고 나를 방해하는 사람도 많았다. 지금 당장은 할 수 없지만 나중에 다시 도전하기로 마음먹는다. 그렇게 시간이 흐른다. 프로젝트도 끝나고 야근도 하지 않는다. 눈앞에 닥친 바쁜 일들은 사라졌다. 이제 목표를 향해 나아가는 내 발목을 잡는 일은 일어나지 않을 것 같다. 과연 여유가 생겼을까? 예상과 달리 변화는 없다. 여전히 제자리걸음 중이다. 도대체 무엇이 잘못되었을까?

왜 나는 성공하지 못하는 걸까? 사람들은 단군 이래 가장 돈 벌기 쉬운 시대라고 한다. 유튜브를 보면 부자들이 많이 등장한다. 사업에 성공해서 연봉 10억을 벌고 경제적 자유를 실현했다고 한다. 그들은 좋은 차를 끌고 좋은 집에 살며 디지털 노마드가 되어 자유롭게 여행하며 일한다. 직장인이었던 나 역시 그들처럼 인생을 즐기며 살고 싶었다.

그들이 공유한 자신의 성공 방식을 주의 깊게 듣고 그대로 따라 해보려고 했다. 계획도 철저하게 세웠다. 실제로 그 방법을 따라 여러 번 시도하기도 했다. 그러나 안타깝게도 특별한 변화는 없었다. '왜 하라는 대로 했는데도 안 되지?' 실패는 그들에 대한 불신으로, 자기 자신에 대한 실망으로 이어진다. 성공한 사람들은 나와는 너무나 먼, 태생부터 아예 다른 사람인 건가? 나는 운조차 따르지 않는 건가?

"성공은 운이고 사람의 능력은 타고나는 것 아닌가요?"

사석에서 종종 이런 질문을 받는다. 성공이 선천적으로 결정된다는 믿음이다. 많은 사람이 자신이 실패하는 이유도 그 때문이며 자신과 달리 뛰어난 능력을 타고났거나 운이 좋은 사람은 성공한다고 생각한다. 심지어 '운칠기삼'運七技三이라는 말도 있다. 모든 일의 결과는 운이 7, 능력이 3을 좌우한다는 뜻이다.

　우리는 세상의 많은 일을 '운'으로 치부한다. 세상에는 인간이 통제할 수 없는 부분이 많으며 어떤 일을 한 사람의 능력만으로 달성할 수 없다고 생각한다. 예를 들어 유튜브를 전혀 모르는 사람이 있다고 하자. 이들에게 구독자 20만 명 달성은 그야말로 운의 영역이다. 도대체 무엇을 어떻게 시작해야 20만 명을 달성할 수 있을까? 감이 전혀 오지 않는다. 이들이 봤을 때엔 운칠기삼도 잘못된 표현이며 운이 99퍼센트 작용한다고 생각될 것이다.

　하지만 운의 영역은 과장되어 있다. 흔히 선천적이라고 여겨지는 재능은 꽤 많은 부분을 후천적으로 개선할 수 있다. **살면서 맞닥뜨리는 문제의 본질을 파악할수록 운의 영역은 줄어들고 능력으로 해결할 수 있는 부분이 점점 많아진다.** 따라서 성공한 사람은 운칠기삼이 아니라 '운삼기칠'을 믿는다.

'작심삼일'에서 '작심만일'로 변화하는 성공 원리

세상에서 결국 성공하는 사람은 누구일까? 그 답은 '작심만일', 내가 이 책에서 말하고자 하는 성공의 원리에 있다. 나는 사람들에게 동기를 부여하고 성공 마인드 동반자로 함께하기 위해 지금까지 크게 성공한 사람들의 동영상을 수없이 찾아봤다. 그리고 그들이 대체 무엇으로 성공했는지 알기 위해 성공과 관련된 자기계발 영상 콘텐츠를

1,000개 이상 살펴봤다. 모두 비슷비슷한 메시지를 전달하는 영상들을 보다 보니 한 가지 사실을 깨달았다. 똑같이 반복되는 메시지야말로 의미가 있다는 사실이다. 성공한 사람들이 반복해서 말하는 메시지에는 그만큼 중요한 진리와 성공의 원리가 숨겨져 있었다.

그들의 공통점은 무엇이었을까? 그들은 각기 다른 분야에서 각자의 경로를 밟아 성공했다. 스포츠, 기업인, 작가, 강연가, 종교인 등 직업도 무척 다양했다. 그리고 그들이 성공한 과정에는 '도전, 독서, 근면, 성실' 같은 공통적인 키워드가 있었다. 하지만 더 본질적인 공통점, 이 모두를 망라하는 단 하나의 원리는 없을까? 각기 다른 사람이 자신의 성공을 풀어놓았지만 나는 그 안에 공통의 원리가 있다고 판단했다. 성공한 사람들이 우리에게 전달하고 싶었던 메시지, 성공의 본질은 과연 무엇일까?

나는 그 본질이 작심삼일을 작심만일로 만드는 힘에 있다는 사실을 발견했다. 그 힘은 바로 자신의 '정체성'을 찾고 이를 구체적 행동으로 만들어줄 '목표'를 설정해서 무슨 일이 있어도 포기하지 않고 결국 목표까지 도달하는 '마인드셋'까지 세 가지 요소에서 나온다. 나는 이 세 가지 요소를 토대로, 가장 먼저 성장의 조건을 이해하고 목표 달성을 위한 프로세스까지 정리해 결국 작심만일로 나아가는 목표 달성 과정을 찾아낼 수 있었다.

당신을 성공으로 이끄는 마술은 존재한다. 모든 마술은 신비롭다. 단단한 숟가락이 아주 쉽게 구부러지기도 하고 어디에도 없던 비둘기가 갑자기 나타나기도 한다. 내가 고른 카드를 마술사가 정확히 맞히기도 한다. 대체 어떻게 된 일일까? 상식적으로는 이해할 수 없다. 하지만 대부분 마술은 간단한 원리로 이뤄진다. 그래서 원리를 알게 되면 마술의 신비로움이 사라지고 만다.

성공의 원리도 마찬가지다. 결과물만 보면 대체 어떻게 이뤄졌는지 신비롭기만 하다. 뭔가 대단한 비결이 있을 것 같다. 그렇기에 대부분 사람이 자신은 불가능한 일이라고 판단한다. 하지만 그 원리는 실제론 특별하지 않으며 알고 나면 더 이상 신비로운 영역이 아니다. 마치 마술의 원리와 같다.

성공한 그 누구도 특별한 원리를 말하지 않는다. 자신이 성공하고 싶은 분야에서 크게 성공한 사람들의 성공한 이야기를 읽어보자. 아마 읽을수록 고개를 갸우뚱할 것이다. 예상과 달리 그들이 특별한 비결을 말하지 않기 때문이다.

'말도 안 돼. 분명 뭔가 숨은 비밀이 있을 거야.'

실패에 익숙한 사람들은 이 사실을 이해할 수 없다. 실패의 원인은 미지의 영역이어야 하기 때문이다. 자신이 부족한 탓이 아니어야 하고 그들처럼 타고난 능력이 없었기 때문이어야 한다. 실패에 익숙한 사람들은 자신의 부족함을 인정하지 못한다. 인정하는 순간 지금까지의 노력이 모두 무너지기 때문이다. 그렇기에 자신의 부족함을 끝까지 부정한다.

이제는 꿈에서 깨어날 시간이다. 현실을 인정할 때 비로소 성장이 시작된다. 언제까지 현실을 부정하고만 있을 것인가? 누구나 자신의 한계를 넘는 건 쉽지 않다. 하지만 극복해야 한다. 오로지 자신의 한계를 극복한 사람들에게만 성장이 기다리고 있기 때문이다.

우리는 모두 자신이 원하는 삶을 살고 싶어 한다. 이는 생각보다 깊은 의미를 담고 있다. 세계적인 심리학자 조던 피터슨Jordan Peterson 은 인생이란 의미를 추구하는 과정이라고 봤다. 사람은 누구나 자신이 원하는 인생을 살아가고자 한다. '나는 무엇을 원하는가?' 이를 달리 표현하면 곧 '목표'다. 사람들이 바라는 목표는 내 집 마련, 취업, 경제적 자유 달성, 건강하기 등 매우 다양하다. 누군가에게는 다이어트가 가장 중요한 일일 수 있다. 누군가는 100억 자산 달성이 그 어떤 소망보다 간절할 수 있다. 자신이 무엇에 어떤 의미를 부여하느냐에 따라 목표는 달라진다.

예를 들어 취업에 도전했다고 하자. 이 목표를 성공적으로 달성하

"인생은 설령 한계가 있을지라도
의미를 추구하고 빛의 의식을 확장하는 데
그 목적이 있다."

_조던 피터슨

면 취직을 하게 된다. 경제적으로 독립하고 부모님의 영향을 덜 받게 된다. 경제적 독립은 자연스럽게 정신적인 독립과 연결된다. 즉 취업은 '독립'이라는 의미를 추구하는 목표다.

만약 목표를 달성하지 못하면 어떻게 될까? 지금까지 투자했던 시간과 노력이 무용지물이었다고 여겨 좌절한다. 실패가 반복되면 비관에 빠진다. '나는 왜 안 되지?' 자존감이 바닥을 치고 정신적 고통이 찾아오고 모든 것이 무의미하다고 생각하게 된다. 따라서 목표 달성에 실패하면 인생의 의미를 잃을 수도 있다.

어떤 사람은 도전하는 것마다 실패하고, 어떤 사람은 늘 원하는 것을 얻는다. 이들의 차이는 무엇일까? 한 문장으로 표현할 수 있다. 이들은 '성공의 본질'을 체화한 정도가 다른 것이다. 이 책은 목표를 달성하고 인생에서 성공하는 본질을 다루었다. 활용하기에 따라 당신의 성장에 가장 강력한 무기가 될 것이다.

그 어느 때보다 역동적으로 변화하는 시대다. 팬데믹은 우리의 삶을 뒤바꿔놓았다. 본질을 깨닫고 행동하면 변화의 흐름을 역이용할 수 있다. 마치 파도를 타듯 변화의 흐름을 자유자재로 이용할 수 있다. 큰 파도는 서핑할 줄 모르는 사람에겐 재앙이지만 서핑을 즐기는 사람에겐 즐거움이다. 모든 것이 달라지는 이런 커다란 외부적 변화에는 실패와 기회가 공존한다. 이 흐름에 끌려갈 것인가? 흐름을 타고 나아갈 것인가? 이는 전적으로 당신에게 달렸다.

대부분 사람이 자기계발서를 읽을 때 발췌독을 한다. 자신에게 필요한 부분만 골라서 읽는 것이다. 하지만 이 책은 그렇게 읽으면 효과가 반감된다. 모든 장을 순서대로 읽어야 이 책에 담긴 가치를 모두 얻어갈 수 있다. 처음부터 끝까지 차근차근 읽고 분석하며 내 것으로 만들어가자.

이 책은 당신의 사고 관념을 뒤흔들 것이다. 간혹 철학적인 질문도 있다. 질문에 답하며 당신이 겪은 과거의 여러 가지 경험도 다시 떠올리게 될 것이다. 소중한 감정이나 부정적인 감정을 발견하며 다양한 감정을 느낄 것이다. 이 과정을 있는 그대로 받아들이자. 내 인생의 주인공이 외부의 무언가에서 '나'로 바뀌는 필연적 과정이기 때문이다.

마음에 드는 구절은 밑줄을 치고 다시 써보며 기억하자. 시간이 지나 기억이 나지 않는다면 다시 돌아와서 읽어보자. 그 구절들은 오직 한 번뿐인 인생의 중요한 의미를 추구할 수 있도록 당신을 안내할 것이다. 자, 이제 펜을 들고 찬찬히 읽어보자. 너무 많이 읽어서 책이 찢겨도 좋다. 밑줄을 치고 당신의 생각을 적어보자. 이 책이 상처 난 만큼 당신은 성장할 것이다. 어두컴컴했던 당신의 인생에 한 줄기 희망의 빛이 보일 것이다. 그 소중한 여정을 이제 떠나보자.

여러분의 성공 마인드 동반자,
작심만일 나건일

들어가며   당신을 성공으로 이끄는 마술은 존재한다   6

제1장

오늘부터 작심만일을 시작하라
: 성장의 조건

◆ 당신은 달라지기 위해 행동하고 있는가   23

◆ 성장 속력을 지금보다 200% 높이는 법   30

◆ 완벽하려고 애쓰지 마라, 변화를 늦출 뿐이다   38

◆ 성공을 향한 첫 걸음, 작심삼일에서 작심만일로!   43

제2장

먼저 나 자신을 발견하라

: 정체성 찾기

◆ 내 열정은 왜 쉽게 사라질까   61
◆ 아무리 힘들고 어려워도 나를 잃지 않는 법   68
◆ 나 자신을 모르면 열망은 절대 생기지 않는다   75
◆ 정체성을 무기로 앞으로 나아가라   87

제3장

당신을 움직이는 목표가 진짜 목표다

: 목표 설정

◆ 당신이 목표 달성에 계속 실패하는 이유   99
◆ 제대로 된 목표를 잡아라, 성공의 8할이 결정된다   106
◆ 쉽고 빠르게 이루고 싶다면 목표를 잘게 쪼개라   114

제4장

작심만일을 현실로 만드는 계획이 필요하다
: 목표 달성 프로세스

◆ 성공의 지도, 목표 달성 프로세스 7단계　　　　　　　　129

◆ 일론 머스크처럼 목표의 본질을 찾아라 : 물리학 제1 원리 사고법　　137

◆ 파블로 피카소처럼 성공의 원리를 훔쳐라 : 역공학 사고법　　157

◆ 30일 뒤, 스스로 피드백하라 : 성장을 확인하는 사고법　　170

성공 사례 작심만일로 목표보다 빠르게 이뤄낸 유튜브 성공의 비밀　　179

제5장

한계를 뚫고 가는 힘을 길러라
: 마인드셋1

◆ 쉽게 포기하려는 마음으로는 절대 달라질 수 없다　　　　195

◆ 스스로 운명을 바꾸려면 의식적으로 행동하라　　　　　200

◆ 승자들의 철학을 흡수하라　　　　　　　　　　　　208

◆ 내가 말하는 것은 반드시 현실이 된다　　　　　　　　220

제6장

성공하고 싶다면 오래된 나를 바꿔라
: 마인드셋 2

◆ 승리를 위해 인듀어 지수를 높여라   235
◆ 신경과학을 활용해 마인드를 바꿔라   245
◆ 지금 당장 '생각'을 '행동'으로 바꿀 수 있다   255
◆ 성공의 주파수에 강하게 진동하라   264

나오며   성공의 여정은 작심만일로 시작된다   281

제1장

오늘부터
작심만일을 시작하라

: 성장의 조건

당신은 달라지기 위해 행동하고 있는가

"철학이 뒷받침되지 않은 행동은
등불 없이 어두운 밤길을 걷는 것과 같다."
_이나모리 가즈오

당신만의 철학을 만들고 행동하라

일본에서 경영의 신으로 불리는 이나모리 가즈오는 27세의 나이에 교세라京セラ를 창업했다. 그는 자본금 300만 엔으로 사업을 시작해 교세라를 연간 매출 1조 8,400억 엔에 직원 8만여 명을 거느린 글로벌 기업으로 키워냈다. 2010년에는 일본항공JAL이 법정관리에 들어가자 이나모리는 측근 세 명만 데려가 일본항공 회장에 취임했다. 당시 그의 나이는 80세를 앞두고 있었다. 그리고 약 1년 만에 일본항

공을 흑자로 돌리는 경이적인 기록을 세웠다. 도대체 비범한 성과를 낳은 그의 어떤 점이 평범한 사람과 달랐을까? 그는 이렇게 말했다. "자신만의 철학을 올곧게 세워 '목숨처럼' 지키고 행동했다."

철학이라고 하면 흔히 어렵다고들 생각한다. 지금 눈앞의 문제도 해결하기 어려운데 인생의 본질을 탐구하다니 현실성이 없다고도 생각한다. 게다가 어떤 자리에서 철학을 이야기하려 하면 뜬구름 잡는 소리 한다고 핀잔을 듣기 일쑤다. 하지만 여기서 말하는 철학은 조금 의미가 다르다. 소크라테스 같은 위대한 철학자가 되어야 하는 게 아니다. 법이나 정치철학을 공부해야 한다는 말도 아니다. 모든 사람에게 통용되는 보편 진리를 발견하는 건 더더욱 아니다. 여기서 말하는 **철학은 자신만의 뚜렷한 인생관을 의미한다.**

우리 모두 자기 고유의 사고방식, 즉 관점을 가져야 한다. 그것이 설령 미흡하거나 한계가 있을지라도 끊임없이 추구해야 한다. 자신의 관점으로 가설을 세우고 검증하며 옳고 그름을 따져나가는 일이 필요하다. 꼭 모든 사람, 모든 일에 적용되는 보편성을 가질 필요는 없다. 자신만의 문제 해결 방안을 정립해야 한다는 말이다.

성공한 사람들은 공통적으로 자신만의 철학을 정립했다. 그들은 철학을 공부한 게 아니다. 치열하게 경험하며 얻은 실전 지혜로서 끝없는 검증과 노력으로 자신의 관점을 굳게 다져나갔다. 이나모리는 철학에 대해 이렇게 말했다.

"철학이 뒷받침되지 않은 행동은 등불 없이 어두운 밤길을 걷는 것과 같다."

그렇다면 자신만의 철학을 어떻게 세울 수 있을까? 나의 사고방식을 어떻게 정립할 수 있을까? 평범한 사람이 할 수 있는 방법은 이렇다. **내가 원하는 걸 이룬 사람들이 공통으로 지닌 사고방식을 찾는 것이다.** 그리고 그 사고방식을 나의 철학으로 가져오는 것이다. 예를 들어 경제적 자유를 이루고 싶은가? 그렇다면 경제적 자유를 이룬 사람들을 모조리 찾아보자. 그들의 인터뷰, 강연, 책, 유튜브 등을 빠짐없이 찾아보자. 매체는 중요하지 않다. 중요한 건 그들의 철학을 내 것으로 가져오는 것이다. 그 철학은 그들이 치열하게 살면서 얻은 결과다. 그리고 원하는 것을 이루기 위해 내가 가져야 하는 마음가짐과 방식이기도 하다. 그들의 경험을 간접 체험하며 내 것으로 가져와야 한다.

물론 그들의 모든 철학을 무비판적으로 수용할 필요는 없다. 그들이 말하는 내용들 가운데 비판적인 요소는 거르거나 논란이 있는 부분을 제외해도 좋다. 내가 원하는 걸 달성한 사람들이 공통으로 지닌 부분들만 추려보자.

예를 들어 부자들이 흔히 말하는 성공의 비밀로 '독서'가 있다. 자신의 가치를 높이기 위해 책을 읽어야 한다는 관점이다. 찾아보니 거의 모든 부자가 공통적으로 말하는 메시지다. 책을 권하지 않는 부자는 아직 보지 못했다. 그렇다면 이런 비결은 반드시 내 것으로 가져와야 한다. 부자들이 생각하는 독서의 의미는 다음과 같다. 이미 한 분야에서 크게 성공한 사람들을 직접 만나기는 쉽지 않다. 유명한 저자와 인터뷰하는 건 쉽지 않으며 모든 부자를 직접 만날 수는 없다. 하지만 다행히도 이런 사람들은 보통 자신의 이야기를 책으로 낸다. 그들을 직접 대면하지는 못할지라도 동네 서점에서 쉽게 만날 수 있다. 인터넷으로 구매하는 건 더 쉽다.

책에는 저자의 영혼이 담겨 있다. 저자의 깊은 통찰이 세세하게 기록되어 있어 대화로는 다다를 수 없는 깊은 내면에 다가갈 수 있다. 그래서 많은 사람이 책이라는 간접 수단을 활용해 성공한 사람들의 사고방식을 터득해나간다. 책을 읽는 건 각 분야에서 성공 반열에 오른 사람들의 지식을 흡수할 기회다. 내 지식의 수준을 압도적으로 높일 수 있는 수단이다. 이것이 독서를 바라보는 성공한 사람들의 철학이다.

어려운 일이 아니다. 처음에는 모두 이렇게 시작한다. 나보다 앞서 나아간 사람들의 공통점을 하나씩 수집한다. 그것들을 그대로 따라 하면서 그들의 사고방식을 내 것으로 만든다. 사고방식이 차곡차곡 쌓이며 관점이 된다. 이렇게 다양한 관점들을 모으다 보면 하나의 철학이 된다. 거창하지는 않지만 내 인생의 길잡이가 되어줄 철학이다.

흥미로운 점은 이 부분이다. 이들이 말하는 철학은 대개 뻔한 이야기처럼 들린다. 성공한 사람들의 강연을 들어봤는가? 그들이 특별한 지식을 전달해주던가? 그렇지 않다. 대부분 특별한 비법이 있지 않다. 이들이 전하는 메시지는 금방 학습할 수 있다. 누구에게도 말하지 않는 비밀을 가진 게 아니기 때문이다. 물론 납득할 수 없을 것이다. 그들이 말하는 성공 요인을 알고 있는데 왜 나는 성공하지 못했을까? 무엇이 그들과 나의 차이를 만들었을까?

핵심은 이것이다. 그들은 자신의 철학을 절대로 말로만 보여주지 않는다. 그들은 행동으로 자신의 철학을 '증명'한다. **철학은 행동으로 증명되어야 한다.** 여기서 성공과 실패가 갈린다.

비범한 결과를 만들어내는 반복의 힘

이나모리는 자신의 사업 철학에 관한 질문에 "사업은 사회와 인류에 도움이 돼야 한다."라고 말했다. 이보다 뻔한 말이 있을 수 있을까? '말'은 뻔하다. 하지만 행동하는 건 쉽지 않다. 만약 그 철학을 목숨처럼 지킨다면 이야기는 완전히 달라진다.

'부'를 얻는 건 누군가에게 '가치'를 전달했기 때문이다. 한여름에 길을 걸어가고 있다고 생각해보자. 점점 더워지고 이마에 땀이 송골송골 맺히기 시작한다. 이대로라면 약속 장소에 도착하기도 전에 땀을 뻘뻘 흘려 종일 찝찝할 것 같다. 문득 편의점에서 파는 시원한 음료수가 생각난다. 지금 딱 한 캔만 마시면 괜찮아질 것 같다. 그렇게 편의점에서 음료수를 구매한다. 이때 음료수는 지금 내게 필요한 갈

중 해소의 가치를 전한다. 이 '가치 전달'이 바로 '사회와 인류에 도움이 되는 것'이다.

이나모리는 자신의 이 철학을 '목숨처럼' 여겼다. 다시 말해 부를 얻는 행위를 목숨처럼 지켰다. 지식을 얻는 건 쉽다. 이는 누구에게나 열려 있다. 실제로 책, 유튜브, 강연을 통해 누구나 쉽게 지식을 접하고 있다. 그러나 행동하는 사람은 소수다. 아는 것과 행동하는 것의 차이는 크다. 아예 차원이 다른 영역이다. 행동하는 사람은 별로 없으며 자신의 철학을 목숨처럼 지키는 사람은 거의 존재하지 않는다.

자신만의 행동 양식을 목숨처럼 지킬 수 있는가? 어떤 유혹도 이겨낼 용기가 있는가? 이를 끝까지 지키는 사람은 평범한 사람과는 다른 결과를 얻는다. 마음먹은 것을 자신의 목숨처럼 지켜내는 사람은 반드시 성공할 수밖에 없다.

이나모리 가즈오는 '하루하루를 진검승부하듯 진지하게 살아가라'라고 말했다. 당신은 어떤가? 하루하루를 진검승부하듯 진지하게 살아가고 있는가? 내가 하는 모든 행동에 영혼을 담아 행동하고 있는가? 이를 목숨처럼 여기고 있는가? 오늘 하루쯤은 괜찮다며 포기하지는 않는가? 자신의 철학에 따라 매일 진심으로 행동하는 사람에게는 압도적 성장이 기다리고 있다.

결국 우리에겐 새로운 지식이 필요한 게 아니다. 물론 모른다면 배워야 한다. 그러나 그 지식을 행동으로 증명하는 게 더 중요하다. 바로 이 부분이 '평범'과 '비범'을 가르는 기준이다. **평범한 행동의 연속이 비범한 결과를 만든다.**

성공한 사람들은 모두 '행동하는 철학자'였다. 당신이 어떤 분야에 있든 상관없다. 원하는 것을 이루고 싶은가? 그렇다면 행동하는 철학자를 지향해야 한다. 목표는 단순한 다짐으로는 이뤄낼 수 없다. 마음을 먹었다면 3일만 행동해서는 안 된다. 최소한 1만 일은 지켜야 한다.

이나모리는 '사회와 인류에 도움이 되는 걸 목숨처럼 지키며' '하루하루 진검승부하듯 진지하게 살기'로 마음먹고 행동했다. 당신은 어떤 철학을 목숨처럼 지키며 행동할 것인가?

성장 속력을
지금보다 200% 높이는 법

"아는 것을 안다고 하고 모르는 것을 모른다고 하는 것,
그것이 곧 앎이다."
_공자,《논어》

안타깝게도 아직 당신은 성장 원리를 받아들일 준비가 되어 있지 않다. 당신과 마찬가지로 세상의 모든 사람이 성장하기를 꿈꾼다. 이는 인간의 근원적인 욕망이자 더 나아지고 싶은 열망이다. 하지만 아무리 성장하고 싶어도 많은 사람이 여러 가지 이유로 실패한다. 그중에서도 가장 근본적인 이유는 '수용력' 때문이다. 수용력은 성장의 원리를 받아들일 준비를 의미한다. 수용력이 높으면 성장할 가능성이 매우 커지고 수용력이 낮으면 성장할 가능성이 줄어든다.

수용력은 새로운 정보를 받아들이는 능력을 의미한다. 분명히 같은 시간에 같은 정보가 주어져도 받아들이는 사람의 반응은 제각각이다. 어떤 사람은 정보를 스펀지처럼 흡수한다. 한 가지를 알려줘도 열 가지로 응용한다. 또 어떤 사람은 앞에서는 고개를 끄덕이지만 돌아서면 원래의 모습으로 돌아간다. 이 부분이 해결되어야 한다. 수용력이 없이는 폭발적 성장이 어렵기 때문이다. 이런 차이는 왜 발생하는 걸까? 다음 내용에서 찾아보자.

폭발적 성장의 원리 1. 메타인지

모든 학습의 출발점인 메타인지는 '초인지'超認知로도 불린다. 인지하는 것을 넘어선 자각이라는 뜻이다. 다시 말해 '자신이 모르는 것을 아는 것'이다. 자기 객관화로 표현되기도 한다. 보통 우리는 1인칭으로 세상을 바라본다. 이는 주관적인 관점이라 볼 수 있다. 메타인지는 3인칭으로 자신을 바라본다. 따라서 메타인지는 나 자신을 객관적으로 바라보는 관점이다.

대부분 자신을 개선하고 싶다는 의지는 있다. 하지만 나 자신의 무엇이 문제인지 모른다. 그렇게 자각조차 하지 못한 채로 시간이 흐른다. 자신의 개선할 점을 인지하지 못하면 성장은 불가능하다. 개선은 부족한 점을 채워가는 것이다. 메타인지는 다음과 같은 과정으로 개선할 수 있다. '성공 원리 학습', '라이브 모니터링', '컨트롤' 세 가지다.

첫째, 성공 원리 학습으로 해당 분야에 대한 지식을 쌓아야 한다.
성공하고 싶다면 성공 원리를 스스로 찾아보자. 성공한 사람들 수백 수천 명의 강의를 듣고 책을 읽는 것도 좋다. 해당 분야의 지식이 있어야 개선할 지점이 무엇인지 찾을 수 있다. 이는 성장의 기본이다. 진심으로 성장하고 싶은가? 이 책의 내용을 모조리 흡수하자. 지식이 없는 상태에서 지금 내가 나아가는 길이 옳은지 그른지 구분할 수 없기 때문이다.

둘째, 자신을 라이브 모니터링한다. 해당 분야에 대한 지식을 쌓아 성공 원리가 더욱더 뚜렷해졌을 것이다. 이제 이를 기준으로 주변을 한번 둘러보자. 성장의 원리를 장착한 사람이 있는 반면 실패의 원리만 반복하는 사람도 보일 것이다. 어느새 '아, 이 사람이 왜 실패하는지 알겠네', '왜 저 사람이 성공할 수밖에 없는지 이제 알겠다'와 같이 구분되기 시작한다. 이에 익숙해졌다면 방향을 바꿔보자. 외부로 향하던 시선을 내게로 돌려 성공의 원리로 나를 돌아보자.

그 한 가지 방법으로는 모든 것을 기록하는 방법이 있다. 카메라 촬영이나 일기 쓰기 등 자신이 할 수 있는 방법이라면 어떤 방법이든지 좋다. 1인칭을 벗어나 자신을 제3자의 시선에서 바라보는 연습을 하는 것이 중요하다. 기록된 내용과 카메라에 담긴 나를 바라보면 주관적 요소를 그나마 배제할 수 있다. 내가 하는 생각, 행동을 돌아보며 성공 원리로 평가해보자. '아, 내가 이런 행동을 하고 있구나?' 하는 발견 속에서 조금씩 옳고 그름이 보이기 시작할 것이다.

위의 과정을 진행한 다음에는 일상생활에 모니터링 모드를 가동한다. 기록 없이 실시간 모니터링을 하는 것이다. 매 순간 내가 무슨 행동을 하는지 자각하자. 어차피 기록한 결과대로 행동할 가능성이 크다.

셋째, 기록과 실제 행동의 차이점을 줄여나가야 한다. 이를 '컨트롤'이라고 한다. 모니터링을 통해 성공 원리와 나의 현실에 차이가 있음을 발견했을 것이다. 자각의 단계를 거친 것이다. 이제는 자신의 행동을 개선할 단계다. '어라? 내가 또 유튜브를 보고 있네? 내가 언제 유튜브를 켰을까? 아, 내가 도전하는 게 불안할 때마다 이 행동을 하는구나? 이때는 어떻게 대처해야 한다고 배웠지? 그러면 그 말대로 한번 해보자.' 이런 과정은 자신에게서 부족한 점을 찾고 나름대로 개선하려는 과정으로 성장의 전제 조건이다. 자신을 객관적으로 바라볼 수 있어야 개선도 할 수 있다.

스스로 이 과정을 실천할 수 있다면 변화는 반드시 일어난다. 그러나 이를 방해하는 요인이 있다. 바로 두려움이라는 감정이다.

폭발적 성장의 원리 2. 생산적 파괴

인간은 기존의 것을 잃기 두려워한다. 새로운 것을 얻는 즐거움보다 가지고 있는 것을 잃어버리는 두려움이 더 큰 현상을 '손실 회피'라

한다. 이익보다 손실을 더 크게 느끼는 것으로 이익과 손실의 규모가 동일해도 얻었을 때의 기쁨보다 잃은 아픔을 더 크게 느낀다. 통계에 따르면 이 체감 차이는 두 배 이상이라고 한다.

가령 지금 살고 있는 집터에 세상에서 가장 멋진 건물을 짓기로 했다고 해보자. 세계 최고의 건축물을 만들 예정이며 준비한 재료, 자재 모두 최고급이다. 자신의 모든 노하우를 쏟아부을 것이다. 이때 가장 먼저 해야 할 작업은 무엇일까? 일단 기존의 건물을 파괴해야 한다. 공든 탑을 무너뜨려야 한다. 그곳은 내 추억이 모두 녹아 있는 곳이다. 아무리 허름할지라도 소중한 공간이다. 하지만 지금까지 차곡차곡 추억과 역사를 쌓아온 공간을 허물어야 한다. 그렇지 않으면 세상에서 가장 멋진 건물을 지을 수 없다.

이를 '생산적 파괴'라고 한다. 즉 성장을 위한 파괴 행위를 의미한다. **자신의 성장을 가로막는, 내가 오랫동안 지녀온 관점은 파괴해야 한다. 그래야 성장의 원리를 받아들일 수 있다.** 자신의 방식을 고집하는 사람이 있다. 무슨 일에든 자기주장이 관철되지 않으면 안 되는 사람도 있다. 이런 사람은 주변에서 조금이라도 반대하는 주장 또는 의문만 제기해도 버럭 한다. 이런 태도는 성장에 걸림돌이 될 수밖에 없다. 자신을 되돌아볼 수 없을뿐더러 성장 자체를 거부하는 심리가 있기 때문이다.

적어도 이 책을 읽는 사람이라면 마음속에 지금보다 더 성장하고자 하는 욕망이 있을 것이다. 자신의 인생이 바뀌었으면 하는가? 그렇다면 잃는 것을 두려워해선 안 된다. 잃는다는 건 새로운 것을 얻을 기회다. 나를 끌어내리는 기존의 태도와 사고방식을 방치하지 말자. 그런 태도로 현재 가진 것을 유지하고 있다고 해도 좋아할 이유가 없다. 그런 태도를 유지해서는 앞으로 성장할 기회를 잡을 수 없기 때문이다. 사고의 전환이 필요한 때다.

폭발적 성장의 원리 3. 행동 편향적 태도

'당연하고 뻔한 소리만 하네.' 부와 성공에 관한 콘텐츠들을 보면 마치 금방이라도 100억대 부자가 될 것 같다. 그런데 영상을 보다 보니 무언가 이상하다. 어디선가 들어본 것 같은 내용만 담겨 있는 것이다. 그리고 영상이 끝난다. 화가 치밀어오른다. 낚인 기분이다.

우리는 간혹 자신이 성장하지 못하는 이유가 지식이 부족하기 때문이라고 생각한다. '부자들은 내가 모르는 정보가 있어서 성공한 거야'라고 생각하며 한 번도 듣지 못했던 참신한 정보만이 자신을 성공으로 이끌 거라 믿는다.

하지만 이는 대부분 착각이다. 성공한 사람들은 보편적 가치를 행동으로 지킨 사람들이다. 나는 이런 착각을 지식의 함정이라고 부른다. 지식의 함정은 내가 기억하는 지식과 행동하는 것을 구분하지 못하는 걸 의미한다. 얼핏 들었던 지식을 스스로 지키고 있다고 생각하는 것이다. 명심하자. 알고 있는 것과 행동하는 것의 차이는 어마어마하다.

미국의 저명한 브레인 코치 짐 퀵Jim Kwik은 자기계발 산업에 가장 큰 거짓말이 있다고 주장했다. '지식이 힘'Knowledge is Power이 바로 그것이다. 우리는 어제보다 더 나아지기 위해 강연과 세미나에 참석하고 책도 여러 권 사서 완독한다. 그리고 책꽂이에 꽂힌 책들을 보며 만족한다. 모든 내용을 이해했다고 믿는 것이다. 그러나 지식 그 자체는 우리를 변화시키지 않는다. 우리는 지식을 '활용'하는 데서 성장한다. **지식은 다른 지식과 융합되거나 행동으로 나타날 때 가치가 생긴다.** 이를 실천하기 위해서는 다음과 같은 질문이 필요하다.

'어떻게 이 지식을 활용할 것인가?'

단순히 지식을 입력하는 게 아니라 꺼내서 적용하는 것을 목적으로 해야 한다. 목적의식을 갖춘 지식 습득이 필요하다.

가만히 있는 것보다 행동하는 게 낫다는 심리적 오류 상태를 의미하는 행동 편향은 주로 부정적인 의미로 쓰인다. 그러나 성장의 원리만큼은 행동 편향적이어야 한다. 성공한 사람은 지식을 습득하는 행위에 만족하지 않고 자신이 겪고 있는 문제를 해결하는 데 적극 활용했다. **결국 성공은 이미 모두가 들어본 원리를 행동으로 증명하는 싸움이다.**

이 책을 통해 인생의 전환점에 서고 싶은가? 메타인지와 생산적 파괴 그리고 행동 편향적 태도로 당신의 수용력을 높여라! 성장의 원리를 받아들이고 기존의 것에 집착하지 마라. 성장의 원리로 다시 세상을 바라보는 것, 이것이 폭발적 성장의 전제다.

완벽하려고 애쓰지 마라,
변화를 늦출 뿐이다

"우주의 기본적인 규칙 중 하나는 완벽한 것은 없다는 것이다.
불완전함 덕분에 당신과 나는 존재한다."
_스티븐 호킹

성공에 관한 흔한 오해로, 완벽해야만 성공할 수 있다는 생각이 있다. 빈틈없이 모든 걸 완벽하게 해내야만 목표를 달성할 수 있다는 관점이다. 당연하지 않은가? 내 모든 역량을 쏟아야 더 크게 성장할 것만 같다. 얼핏 보면 맞는 말이다.

그러나 현실은 그렇지 않다. 완벽주의는 당신을 실패하게 할 것이다. 완벽주의는 목표를 향한 행동을 주저하게 만든다. 특히 자존심 강한 사람들이 그렇다. 이들은 자신의 부족함을 보여주고 싶지 않기 때문에 아예 시도조차 하지 않는다. 자신의 부족한 모습을 견디지 못하고 타인의 시선에 지나치게 신경 쓴다. 심리학에서는 완벽주의를 마음의 병을 일으키는 요인으로 간주하며 심하면 강박적 성향으로까지 이어지기도 한다고 말한다.

또한 완벽주의는 무엇보다 비효율을 초래한다. 예를 들어 100미터 달리기는 0.1초를 줄이기 위한 싸움이다. 우사인 볼트는 2008년 9.72초로 100미터 신기록을 수립했다. 그 후 2008년 베이징 올림픽에서 9.69초의 기록으로 또다시 세계 기록을 경신했다. 2009년 월드 챔피언십에서는 다시 9.58초로 기록을 단축해 세계 신기록을 보유한 선수가 되었다. 그에게 12초를 11초로 단축시키는 일은 크게 어렵지 않을 수 있다. 그러나 10초에서 9초대로 들어오는 것은 완전히 다른 게임이다. 0.1초를 줄이려면 자신의 모든 것을 쏟아부어야 한다. 우사인 볼트는 트랙을 달리며 구토 증세까지 보였지만 끝까지 훈련을 멈추지 않았다. 그렇게 해야 기록이 0.1초라도 줄어들기 때문이다. 안타깝게도 성장할수록 투자 대비 결과는 굉장히 낮다. 이는 어떤 분야에서도 마찬가지다.

물론 이렇게 완벽을 추구해야 할 때가 있다. 이미 그 분야에서 한 획을 그었다면 말이다. 올림픽은 완벽을 추구하는 사람들의 무대다. 단 한 번의 실수는 메달을 놓치게 되는 결정적 요인이 된다. 이들에게 완벽주의는 필수다. 그러나 대부분 사람은 그렇지 않다.

완벽한 모습을 보이려고 하는 것은 일상에서도 우리의 성장을 방해한다. 모두 이런 경험을 해본 적이 있을 것이다. 수업이 한창 진행되고 있는 와중에 누군가 갑자기 손을 든다. 질문을 하기 위해서다. 그 질문이 우리의 관점을 바꾸는 참신한 질문이거나 강의를 더욱 풍성하게 만드는 질문일 수 있다. 하지만 때로는 너무나 기초적인 내용을 질문을 하기도 한다. 제삼자로서는 짜증이 날 수밖에 없다.

나 역시 이런 질문을 하는 것에 대해 굉장히 부정적으로 생각했다. 그래서 강의를 듣다가 궁금증이 생겨도 질문을 하지 않고 그냥 넘어갔다. 남들에게 피해를 준다고 생각했고 무엇보다 기초적인 질문을 하는 자신이 멍청해보이지 않을까 두려웠다. 이런 모습은 회사에서도 자주 볼 수 있다. 회의 때 자신이 잘못 이해하거나 잘 모르는 내용임에도 고개를 끄덕이며 넘어가기도 한다.

하지만 관점을 살짝 비틀어보자. 우리는 지금까지 너무나 많은 실수를 해왔다. 잘 모르는 것을 질문하면 그 시기엔 다른 사람들한테 바보로 보일 수 있다. 그러나 질문을 하는 것은 부끄러워질까봐 가만히 있는 것보다 훨씬 더 똑똑해지는 과정이다. 말 그대로 내 두뇌에 저장된 지식의 총량은 질문해 얻은 지식으로 확연히 늘어난다. 자신이 부족한 사람이며 틀릴 수 있다는 걸 받아들이면 남들에게 완벽한 모습을 보이려 할 때보다 더 크게 성장할 수 있다.

처음 목표를 설정하고 도전할 때 완벽주의는 피해야 한다. 초보자는 완벽을 추구한다 해서 완벽해질 수 없다. 한계점은 분명히 존재하기 때문이다. 처음부터 완벽주의를 추구하다간 시간도 낭비하고 결과도 놓칠 수 있다.

1퍼센트의 노력이 만들어낸 승리

《아주 작은 습관의 힘》의 저자 제임스 클리어James Clear는 완벽주의를 벗어나 1퍼센트씩 성장할 것을 강조하며 다음과 같은 사례를 언급했다. 영국의 사이클 팀은 100년간 세계적인 사이클 대회인 투르 드 프랑스le Tour de France에서 한 번도 우승하지 못했다. 영국은 반전을 만들고자 새로운 코치로 데이브 브레일스퍼드Dave Brailsford를 영입했다.

브레일스퍼드는 코치로서 새로운 전략을 펼쳤다. 사이클과 관련된 것이라면 뭐든지 1퍼센트씩 개선하는 것이었다. 그는 팀의 자전거 바퀴를 더욱 가벼운 것을 교체했고 그다음 날엔 자전거에 인체 공학적 시트를 설치했다. 선수들은 센서를 착용한 후 훈련 상태를 체크했다. 자전거에 먼지가 끼는 것을 방지하기 위해 자전거 실내 보관소도 흰색으로 새로 칠했다. 또한 공기 저항을 덜 받는 수트를 찾아 선수들에게 착용하게 했고 다양한 베개를 테스트해 선수들이 가장 좋은 수면 상태를 유지하도록 지원했다. 남들의 눈엔 사소해 보이는 전략이지만 그는 팀을 조금씩 개선해나갔다.

브레일스퍼드는 1퍼센트씩 매일 조금씩 개선하면 5년 안에 세계적인 대회에서 우승할 수 있다고 확신했다. 그러나 그들은 틀렸다. 3년 만에 목표를 달성했던 것이다. 그다음 해에도 팀은 우승했다. 한 해를 쉰 후 그들은 연속해서 세 번 더 우승했다. 6년 동안 다섯 번이나 우승 팀이 된 것이다.

그들은 첫걸음부터 성공할 것이라 믿지 않았다. 스스로 완벽하지 않다는 것을 인정해야만 했다. 하지만 그들은 고쳐야 할 점을 하나씩 개선해 나갔다. 만약 처음부터 완벽해야 한다고 믿었다면 꾸준한 개선은 어려웠을 것이다.

처음에는 누구나 완벽하지 않다. 심지어 보잘것없이 보이기도 한다. 하지만 실질적으로 개선된 것이 하나씩 쌓이다 보면 시간이 지난 후 1,000개의 성장으로 되돌아온다. **오히려 성장은 비완벽주의에서 시작된다. 비완벽으로 시작해 한 단계씩 성장해야 한다.** 부족하기에 치열하게 부딪쳐야 한다. 그리고 깨져야 한다. 그 깨진 균열을 하나씩 만 채워나가자. 단 한 가지만 개선해서 다시 도전하자. 그렇게 균열을 하나씩 채우며 성장해야 결국에는 목표를 달성할 수 있다.

완벽주의는 지금 우리가 가장 먼저 바꿔야 하는 마음가짐이다. 불현듯 다가오는 '잘하고자' 하는 마음이 완벽주의로 빠지는 것을 경계 해야 한다. 비완벽을 추구하자. 그리고 한 단계씩 성장해 나아가자. 그것이 성공을 위한 전제 조건이자 진정한 완벽을 향해 나아갈 수 있 는 유일한 길이다.

성공을 향한 첫 걸음,
작심삼일에서 작심만일로!

"무릇 간결은 지혜의 본질이다."
_윌리엄 셰익스피어

성공을 이루기 위한 목표 달성의 본질은 무엇일까? 흔히 우리는 건강을 위해, 원하는 몸을 만들기 위해 운동을 시작하기로 한다. 헬스장에 등록해서 열심히 다녀보겠다고 마음먹지만 작심삼일이다. 며칠 다니다가 결국에는 등록비만 날리곤 한다. 또 올해에는 자기계발을 하겠다며 외국어를 배우고자 하지만 며칠 강의를 찾아보다 포기해버리기도 한다. 매년 올해는 다를 것이라고 기대하지만 결국은 전과 똑같은 일상으로 돌아간다.

우리 모두 비슷한 이유로 비슷한 목표에 도전한다. 하지만 결과는 제각기 다르다. 자신이 원하는 바를 만들어내는 사람이 있는 반면 아무런 성과도 내지 못하는 사람이 있다. 그 이유는 간단하다. 목표 달성에 필요한 본질을 공략하지 않았기 때문이다.

성공을 이룬 사람들의 세 가지 핵심 역량

목표는 에너지, 문제 해결 능력, 마인드셋, 이 세 가지 요소로 달성된다. 이 세 가지는 목표 달성에 꼭 필요한 요소로 어느 한 가지라도 부족하거나 없어서는 안 된다. 모두가 적절하게 충족되어야 한다. 목표 달성은 이 요소의 조합으로 이뤄진 예술 작품이다. 뛰어난 성공을 거둔 사람들 중에는 이 세 가지 요소를 활용해 자신의 목표를 달성한 사람들이 많다. 이것이 작심삼일에서 작심만일로 바뀔 수 있는 비밀이다. 이 세 가지 요소를 공략하면 자신만의 소중한 가치를 항상 간직하고 달성할 수 있다.

퍼포먼스 = 에너지 × 문제 해결 능력 × 마인드셋
1. 에너지(0 ~ 100)
2. 문제 해결 능력(1 ~ 100)
3. 마인드셋(-100 ~ 100)

이 공식은 이나모리 가즈오의 인생 성공 방정식을 변형한 것이다. 작심만일 버전으로 표현하면 다음과 같다. 퍼포먼스는 에너지, 문제 해결 능력, 마인드셋의 곱으로 이뤄진다. 그리고 각 요소에는 범위가 있다.

에너지의 범위는 0부터 100까지다. 에너지는 0과 같이 아예 존재하지 않을 수도 있다. 목표를 바라보는 관심이 아예 없다면 행동으로 이어질 수 없다. 자신이 원하지 않은 것을 누군가 강요한다고 해서 이룰 수 없는 것과 같다. 그래서 에너지가 없다면 어떤 행동도 나올 수 없다. 설사 시도는 하더라도 금방 흥미를 잃고 만다.

문제 해결 능력은 누구에게나 있지만 사람마다 능력 차이가 크다. 문제 해결 능력이 부족하면 자신이 원하는 결과가 늦게 나타날 수밖에 없다. 아무리 마인드셋이 단단하고 에너지가 넘쳐흘러도 소용없다. 효율성이 현저히 떨어지기 때문이다. 분명 다른 사람보다 더 열심히 했고 잘할 수 있다는 믿음이 있었다. 하지만 결과가 좋지 않거나 너무 늦게 나타나면 노력을 배신당했다고 생각하게 된다. 따라서 올바른 방법을 찾는 데 문제 해결 능력은 매우 중요하다.

마인드셋은 조금 독특하다. 다른 요소와 달리 음의 범위가 있어 마이너스 100에서 플러스 100까지 수치를 가진다. 자신에게 내재된 마인드셋이 어떤 마인드셋인지에 따라 목표 달성의 결과가 완전히 달라진다. 성장 마인드셋을 갖고 있다면 목표의 결과는 양수로 나온다. 반면에 성장하지 않는 마인드셋을 갖고 있다면 퍼포먼스는 음의 결과로 나온다. 자신의 능력을 악용하는 범죄자가 바로 이런 사례다. 범죄를 저지르면서까지 자신의 목적을 이루려는 사람은 음의 마인드셋을 가진 것이다. 또한 감정의 악순환을 겪는 경우나 감정 기복이 큰 사람도 이런 문제를 일으킨다. 따라서 마인드셋은 목표 달성의 가장 큰 기반이 된다.

이 세 가지의 조합으로 퍼포먼스는 결정된다. 퍼포먼스가 클수록 효과적으로 목표를 달성할 수 있다. 어느 하나가 적어도 안 된다. 밸런스가 맞아야 더 높은 성과를 낼 수 있다.

당신은 무엇을 달성하고 싶은가? 사업, 커리어, 다이어트, 운동 등 모든 분야에서 위 세 가지 조합을 활용할 수 있다. 최고가 되고 싶은가? 그러면 에너지, 문제 해결 능력, 마인드셋을 극대화하라. 이 책은 목표 달성의 3요소를 극대화하는 공략집이다.

1. 행동의 무한 동력을 생산하는 '에너지'

자기계발의 아버지 나폴레온 힐Napoleon Hill은 '열망'을 가장 강조했다. 그의 저서 《생각하라 그리고 부자가 되어라》의 핵심은 바로 '열망'을 '돈'으로 전환하는 방법이다. 힐은 "열망이 모든 성과의 출발점"이라고 이야기했다. 열망은 모든 행동의 시작점이다. 때론 에너지는 '열망', '열정'으로 표현되기도 한다. 열망이 부족하면 좋은 결과가 나올 수 없으며 행동을 시작하는 가장 강력한 동기다.

사실 우리는 이 사실을 이미 알고 있다. 학창 시절을 떠올려보자. 학생일 때 가장 간절하게 원하는 것은 무엇일까? 각자 다른 목표를 가질 수 있겠지만 대부분 좋은 성적을 원한다. 공부를 잘하면 학교생활이나 진로 선택에 도움이 될 것이라 생각하기 때문이다. 하지만 그 시절 공부에 열정을 쏟아붓는 사람은 드물다. 머리로는 알지만 가슴은 거부한다. 왜 그런 걸까? 공부와 같이 많은 사람이 각자의 환경과 상황에서 간절히 바라는 것들이 있다.

'경제적 자유를 얻고 싶다.'

'다이어트에 성공하고 싶다.'

'좋은 차를 갖고 싶다.'

그중 경제적 자유를 달성하고 싶은 경우를 생각해보자. 유튜브를 보면 경제적 자유를 달성한 사람들의 이야기가 많이 나온다. 그들의 인생에는 각기 다양한 스토리가 있다. 나와 비슷한 상황을 극복하고 결국 성공에 이른 스토리도 있다. 호기심이 생긴다. '나도 한번 경제적 자유에 도전해볼까?' 그렇게 온라인 클래스를 찾아 둘러본다. 경제적 자유를 얻을 수 있는 여러 경로 중 부동산이 가장 맞을 것 같다는 생각이 들어 덥석 강의에 등록한다. 일주일째 수강 중이지만 별로 달라진 건 없는 것 같다. 무언가 잘못되었다는 느낌이 든다. 마음속 한 켠에 자리 잡은 의문이 끊임없이 올라온다.

'나, 진짜 이거 하고 싶은 게 맞나?'

열망은 단순히 호기심으로 만들어지는 게 아니다. '이걸 하면 좋다는데 나도 해볼까?' 같은 생각으로 접근하면 실패로 이어질 수밖에 없다. 지금까지 우리는 열정이 만들어질 수 없는 방식으로 도전해왔다. 바로 이것이 우리가 작심삼일할 수밖에 없는 이유다.

에너지는 목표 달성에서 가장 강력한 요소다. 물론 우리에게는 무엇인가를 하고 싶지 않은 감정도 있다. 심리학 용어로 '회피 동기'라고도 한다. 하지만 자신의 현재 상황을 벗어나고자 하는 감정도 행동을 촉구하게 만든다. 때론 불편한 감정이 우리를 움직이게 만드는 법이다. 간단한 예로 직장인의 퇴사 욕구는 강력한 회피 동기 중 하나다. 퇴사를 하고 싶은 마음에 퇴근 후 피곤한 몸을 이끌고도 사업, 이직 준비를 한다. 회피 동기가 강력한 에너지로 발휘된 것이다. 이런 회피 동기 또한 적절히 활용할 수 있어야 한다.

스타벅스의 창업자 하워드 슐츠Howard Schultz는 유년 시절 어려운 시기를 보냈다. 무엇보다 경제적 상황이 열악했다. 무기력한 아버지와 이를 못마땅해하는 어머니는 자주 다퉜고 그때마다 슐츠는 고통스러웠다. 집은 너무나 비좁았고 이불을 덮어도 부모님의 고함 소리는 피할 수 없었다. 어린 슐츠는 집을 나와 계단으로 피신했다.

슐츠에게 계단은 현실을 피해 미래를 상상할 수 있는 유일한 공간이었다. 그는 이곳에서 새로운 공간을 상상하며 하루 종일 시달린 일

"열망은 모든 성과의 출발점이다."

_나폴레온 힐

상에서 벗어날 수 있었다. 그리고 이렇게 집을 벗어나 계단에서 느꼈던 해방감을 사람들에게 선물하고 싶었다.

이후 그는 어린 시절의 기억을 떠올리며 스스로를 독려했다. 열심히 일하고 배운 후 계획을 세워 이 냉혹한 현실을 벗어나 꿈을 펼치겠다고 다짐했다. 그러나 모든 것이 쉽게 풀리지는 않았다. 그는 자신의 꿈을 펼치려고 투자자들을 만나 설득했지만 대부분 냉담하게 그의 제안을 거절했다. 그들은 슐츠의 꿈이 담긴 에스프레소 바를 무시했다. 다른 기업가들은 그가 실패할 수밖에 없는 이유를 늘어놓으며 비웃었다.

하지만 그는 물러서지 않았다. 자신의 비전에 대한 확고한 믿음이 있었기 때문이다. 자신이 만든 공간에서 사람들이 일상을 벗어나고 그곳에서 소속감을 느끼길 바라며 끊임없이 열정을 추구했다. 이것이 현재 전 세계에 약 3만 4,900여 개의 매장 수, 40만 명에 육박하는 직원이 근무하는 기업을 만들게 된 이유다. 자신의 비전에 대한 확고한 믿음이 지금의 스타벅스를 있게 한 원동력이었다.

이렇듯 자신의 에너지를 원하는 바에 맞게 끊임없이 재생산해서 목표 달성에 적극적으로 활용할 수 있어야 한다.

2. 최적의 성공 경로를 찾는 '문제 해결 능력'

세계적인 기업가 일론 머스크는 인재 영입 방식에 대해 인터뷰하면서 이렇게 말했다.

"저는 그들의 커리어에 대해 질문합니다. 그들이 겪은 일 중에 가장 어려웠던 일이 무엇이었는지 질문하죠. 그 어려움에 어떻게 대처했는지, 주 전환점에서 어떤 결정을 내렸는지 들으면 그 사람에 대해 직관적으로 알 수 있습니다. 제가 찾는 건 독보적인 능력을 말해주는 증거입니다. 여기서 대학 학위는 중요하지 않습니다. 심지어 고등학교 학위도 중요하지 않아요. 대학을 졸업했다는 건 아마 무엇인가 할 수 있다는 징표겠죠. 하지만 꼭 필요한 건 아닙니다. 빌 게이츠, 래리 엘리슨, 스티브 잡스는 대학 졸업장이 없습니다. 그럼에도 이들을 고용할 수 있었다면 정말로 좋았을 겁니다. 탁월한 능력에 대한 증거가 있다면 그들의 미래를 볼 수 있습니다."

머스크가 인재를 영입할 때 가장 중요하게 보는 것은 탁월한 능력이었다. 이는 문제 해결 능력을 의미한다. 기업은 목표를 달성하는 것이 핵심인 조직이다. 직장에 다니는 사람이 매일 출근하는 이유는 눈앞에 닥친 문제를 해결하기 위해서다. 어떻게 하면 다른 기업보다 매출을 높일 수 있을까? 어떻게 하면 더 좋은 상품을 개발할 수 있을까? 그들은 더 높은 성과를 내기 위해 매일 회의하고 일한다. 따라서 뛰어난 문제 해결 능력이 필수적이다. 기업에서 성과를 내지 못한다면 능력이 없다는 혹평을 받는다.

이는 기업뿐만이 아니다. 일상에서 우리는 늘 문제들에 둘러싸여 있다. 학생은 더 좋은 성적을 내길 바라고 직장인은 더 일을 잘해서 승진하길 바란다. 사업하는 사람은 매출을 극대화하고 싶어 한다. 누군가는 꾸준히 노력하지만 결과가 좋지 않다. 반면 많은 시간을 투자하지 않아도 좋은 결과를 내는 사람도 있다. 이 차이는 문제 해결 능력에서 비롯된다. **뛰어난 문제 해결 능력이 있다면 목표 달성에서 효율성이 높기 때문이다.**

단순한 예를 들어보자. 지금 당장 가야 하는 목적지를 내비게이션에 설정하는데 이 목적지는 최적의 경로로 1킬로미터면 갈 수 있다고 한다. 그런데 어떤 내비게이션은 최적의 경로를 찾지 못해서 돌고 돌아 겨우 목적지에 도착하는 경로를 제시한다. 1킬로미터면 갈 수 있는 거리를 10킬로미터나 가서 도착하는 경로다. 실제로 이런 경우가 비일비재하다. 대부분 사람은 최적의 경로를 찾지 못하고 비효율적인 경로로 가는 경우가 많다. 안타까운 건 자신이 잘못된 방향으로 가고 있음을 인지하기 어렵다는 점이다. 이처럼 문제 해결 능력에 따라 목표 달성의 여부가 크게 달라진다.

아마존의 제프 베이조스는 남다른 업무 방식을 활용했는데 그는 이 방식을 '순서 파괴'라고 불렀다. 그는 이 방식을 사용하면 실패할 확률이 제로에 수렴한다고 이야기한다. 아마존은 다른 회사와 어떠한 차이점이 있었을까? 베이조스의 사업 철학은 '고객 집착'이었다. 기업은 고객의 수요에 따라 제품과 서비스를 판매한다. 그는 고객의

니즈와 상품을 일치시키는 게 가장 중요하다고 믿었다. 당시 일반 회사에서는 사업을 추진할 때 당시 유행하던 MBA 스타일로 아이디어를 기획했다. 이는 '워킹 포워드'Working Forward로 회사에서 좋은 제품을 만들어 소비자를 만족시키는 방식이었다. 일반적으로 평범한 회사들이 일하는 방식이다. 하지만 이 방법은 베이조스가 원하는 '고객 집착'을 충족할 수 없었다.

그래서 아마존은 일하는 순서를 거꾸로 정하기 시작했다. 이는 '고객 경험'을 먼저 규정한 다음에 팀이 해야 할 일을 정의하는 방식으로 '워킹 백워드'Working Backward라 부른다. 워킹 백워드를 구체화한 방법 중 하나는 제품 출시 전 언론 보도자료를 미리 써보는 것이었다. 가상의 언론 보도자료를 써보며 고객의 관점에서 무엇이 필요한지 파악하고 아이템을 설계하는 것이다. 우리가 잘 알고 있는 아마존 킨들과 아마존 웹 서비스도 이와 같은 방식으로 만들어졌다.

어떤 관점으로 문제를 해결하는지에 따라 그 결과는 확연히 달라질 수밖에 없다. 같은 시간, 같은 에너지를 활용하면 그 결과값은 다르다. 아무리 목표를 달성하고자 하는 에너지가 높더라도 문제 해결 능력이 뒷받침되지 않으면 속도가 더딜 수밖에 없다. 결과가 늦으면 에너지에도 제동을 걸게 된다. 문제 해결 능력이 중요한 이유다.

3. 높은 성장을 유지하는 '마인드셋'

높은 성취는 마인드셋이 없으면 불가능하다. 스탠퍼드대학교의 심리학 교수 캐럴 드웩Carol Dweck은 '마인드셋의 차이가 노력과 성공에 대한 관점을 어떻게 변화시키는지' 보여준다고 말한다. 그만큼 마인드셋은 성공, 즉 목표 달성에 기반이 되는 힘이라고 할 수 있다.

위대한 도전에는 언제나 난관이 기다리고 있다. 특히 성장을 거듭할수록 한계점을 만나게 되는데 그때마다 넘기 어려운 고통이 따른다. 신체적, 정신적 고통이 찾아온다. 당신은 고통에 어떻게 대처하는가? 대부분 사람이 고통을 피해야 할 대상으로 여긴다. 고통을 이겨내도 달라질 게 없으며 결국 성공하는 사람만 성공한다고 생각하기 때문이다. 그렇기에 '도전은 무모할 뿐이다. 높은 목표는 실패할 가능성이 더 크다. 될 사람만 된다'고 여긴다. 이런 사고방식을 '고정 마인드셋'Fixed Mindset이라고 이야기한다. 인간의 능력이 고정되어 있다는 가치관이다.

이와 반대되는 사고방식을 '성장 마인드셋'Growth Mindset이라고 한다. 인간의 능력이 계속 성장할 수 있다고 보는 가치관이다. 이 관점에 따르면 고통은 한계점을 돌파할 기회다. 성장 마인드셋을 갖춘 사람은 어떤 상황에서도 성장하려고 하며 도전은 성장의 여정이라고 여긴다. 때로 불안한 감정이 들어도 크게 개의치 않는다. 이들은 위대한 성취에는 실패가 필연적으로 따른다고 생각한다.

"마인드셋의 차이가
노력과 성공에 대한 관점을
어떻게 변화시키는지 보게 될 겁니다."

_캐럴 드웩

높은 퍼포먼스는 반드시 성장 마인드셋을 기반으로 한다. 엘리트 스포츠 선수들은 매일 육체적, 정신적 한계점에 직면한다. 더 성장하기 위해 필연적으로 겪는 고통이다. 고통 앞에서 그들은 끊임없는 내적 갈등에 휩싸인다. 인간은 한계점에 직면하면 오직 두 가지 생각만 떠올린다. '포기할까?'와 '조금 더 해보자'이다. 엘리트 선수들은 이 한계점에서 언제나 '조금 더 해보자'를 선택한다.

세계 최고의 스포츠 선수들은 강력한 마인드셋을 갖고 있는데 수영 선수 마이클 펠프스는 그중에서도 남달랐다. 그는 올림픽에서 금메달 스물세 개, 은메달 세 개, 동메달 두 개로 모두 스물 여덟 개의 메달을 획득한 경이적인 선수다. 그에게는 어떠한 라이벌도 존재하지 않는다. 그 비결은 무엇일까? 그는 다음과 같이 말했다.

"5년 동안 단 하루도 훈련을 빼먹은 적이 없었어요. 하루도 빠짐없이 물 속에 있었습니다. 보통 선수들은 한 주에 한 번 정도 훈련을 쉽니다. 이를 1년으로 계산하면 저는 다른 선수들에 비해 물에 52일을 더 있었어요."

그가 말하길 훈련을 하루 쉬게 되면 다시 따라잡는 데 이틀이 걸린다고 한다. 그는 쉬지 않고 꾸준히 훈련하며 다른 재능 있는 선수들과 격차를 만들어나갔다. 물론 그에게도 그 무엇도 하기 싫은 날들이 있었다. 그러나 그는 하기 싫은 감정이 들 때 이렇게 생각했다.

"위대한 사람들은 하기 싫을 때도 꼭 무언가를 '한다'는 말이 있습니다. 이것이 잘하는 선수와 위대한 선수를 구분하는 차이입니다."

그는 좌절할 때마다 다음과 같이 생각했다. '지금이야말로 내가 가진 잠재력을 믿고 힘을 낼 수 있는 순간이다.' 오히려 좌절은 더 잘하고 싶은 그의 욕망을 부채질했다. 그가 쉬지 않고 매일 훈련할 수 있었던 이유다. 그의 남다른 마인드셋이 그를 위대한 수영 선수로 만든 것이다.

위대한 선수들은 성장 마인드셋을 자연스럽게 체득했다. 육체적 고통을 이겨내고 경쟁의 압박감을 견뎌내기 때문이다. 이를 극복하지 못하면 결코 좋은 성적을 거둘 수 없다. 목표 달성에 성장 마인드셋은 필수다.

당신은 무엇을 달성하고 싶은가? 사업, 커리어, 다이어트, 운동 등 모든 분야에 목표 달성의 3요소를 적용할 수 있다. 최고가 되고 싶은가? 당신의 에너지, 문제 해결 능력, 마인드셋을 극대화하라. 지금부터 그 방법을 본격적으로 알아보자.

제2장

먼저 나 자신을
발견하라

: 정체성 찾기

내 열정은
왜 쉽게 사라질까

"자신이 될 수 있는 존재가 되길
희망하는 것이 삶의 목적이다."
_신시아 오지크 Cynthia Ozick

아침에 눈을 뜨고 설렜던 적이 있는가? 알람을 맞춰놓지도 않았는데 저절로 눈이 떠지고 그 어느 때보다 활기차게 침대를 박차고 나와 하루를 시작했던 경험이 있는가? 이는 그날 일어날 일들이, 자신이 할 일들이 몹시 기대되고 설레기 때문이다. 꼭 달성하고 싶은 목표가 생겼을 때도 그런 설렘을 느낀다. 목표를 이룬 상태를 상상하기만 해도 설레고 가슴이 벅차다. 이 상상을 반드시 현실로 만들고 싶다는 마음이 든다.

이렇게 꼭 이루고 싶은 목표가 있는 사람은 목표가 없는 사람과 다르다. 하루하루가 소중하다. **목표에 도달하기 위해서는 오늘 하루가 반드시 있어야 하기 때문이다.** 이 과정은 쉽지 않지만 스스로 성장하고 있다는 느낌을 얻을 수 있다. '좋아, 어느 때보다 잘하고 있어!' 할 수 있다는 마음이 잠들기 직전까지 이어진다. '내일도 오늘처럼 잘 보내야지.' 희망을 가득 품고 잠든다. 아침에 눈을 뜨니 이 마음이 이어져 또다시 하루를 가슴 설레며 시작한다.

이런 경험을 해본 적이 있는가? 그리고 이런 상황이 지속되고 있는가? 대부분은 경험하지 못하거나 경험했다고 해도 오래 지속하지 못한다. 현실은 이렇다. 아침에 눈을 뜨기조차 힘들다. 전날 밤 알람을 수십 개 맞춰놓고 분명 알람 소리에 깼다. 하지만 눈을 감은 채 생각한다. '아, 더 자고 싶다!' 일어나는 순간 고통스러운 하루가 시작되기 때문이다. 오늘 하루도 어떻게 보내야 할지 막막하다. 마치 누군가 강제로 끌고 가듯 억지로 출근한다. 피곤하고 지친 몸을 이끌고 지하철 또는 버스에 올라탄다. 그대로 멍하니 가다 문득 이런 생각이 떠오른다.

'인생이 왜 이렇게 지루하고 재미없을까?'

하루하루 사는 게 재미가 없고 지친다는 느낌이 든다. 가슴 설레는 일은 고사하고 무엇을 해도 재미가 없고 지루하다. 언제부턴가 매사에 무기력해졌고 하고 싶은 것도 없다. 이전에 품었던 꿈은 희미해졌다. 번아웃 증후군인가? 이와 관련된 정보를 찾아본다. 아쉽게도 큰 효과는 없었다. 쳇바퀴처럼 굴러가는 일상에 싫증이 날 뿐이다.

월 1,000만 원 버는 사람이 행복하지 않은 이유

우리는 대체로 이런 상황을 겪곤 하는데 실은 모든 사람이 똑같이 겪는 일이다. 심지어 성공한 사람들도 쉽게 빠지는 함정이다.

실제로 내 코칭을 받았던 한 사업가의 사례를 살펴보자. 그는 이미 월 수익 1,000만 원을 달성해 사업가들의 1차 목표를 통과한 사람이었다. 그러나 그에게는 큰 고민이 있었다. 과거 그는 가난에서 벗어나기 위해 사업을 선택했다. 당시 그에게는 가난을 극복하는 게 최우선 과제였다. 그는 미친 듯이 발버둥질했고 결국 월 수익 1,000만 원이라는 목표를 달성했다. 모든 것을 이뤄낸 기분이 들었고 한동안 가슴이 충만했다. 하지만 성취감을 느낀 지 며칠 되지 않아 다음과 같은 고민에 빠지고 말았다.

'이제 뭘 해야 하지?'

목표인 월 수익 1,000만 원을 달성했다. 다음은 자연스럽게 월 수익 2,000만 원을 목표로 설정하면 될 줄 알았다. 하지만 마음이 이전 같지 않았다. 왜 그렇게 바뀌었을까? 결론부터 말하면 목표 설정의 원리를 정확히 이해하지 못했기 때문이다.

그는 새로운 국면을 겪고 있었다. 애초에 그가 세운 목표는 가난을 벗어나는 수단이었다. 가난만 피하면 되었다. 월 매출 자체에 목적을 둔 게 아니었다. 목표 달성 후 그의 생활은 풍족해졌다. 즉 그는 더 이상 가난하지 않았다. 따라서 그에게 월 수익 2,000만 원은 큰 의미가 없다. 목표를 달성하자 진정한 목적이 사라졌기 때문이다. 그의 현실은 이전과 같지 않았고 그래서 추진력이 생기지 않았던 것이다.

아마 당신도 한 번쯤 겪었던 일일지 모른다. 또다시 가슴 설레는 일이 있을지 찾아보고 목표를 재설정해보기도 하지만 안타깝게도 큰 효과는 없다. 마땅히 전과 같은 목표를 찾지 못한다. 힘들게 목표를 달성했던 결과가 오히려 열정에 찬물을 끼얹은 셈이다. 그렇게 슬럼프에 빠진다.

가슴 설레는 하루를 보내려면 어떻게 해야 할까? 열망의 본질은 무엇일까? 여기에는 원칙이 있다. **자신이 가장 소중하게 생각하는 가치를 담아야 한다.** 이를 '의미 부여'라고 한다. 앞서 설명했던 조던 피터슨의 말을 다시 떠올려보자.

"인생은 설령 한계가 있을지라도 의미를 추구하고 빛의 의식을 확장하는 데 그 목적이 있다."

새벽 운동은 누군가에겐 고통 그 자체다. 하지만 자신의 삶을 규율하고 싶은 사람에게는 축복이다. 하루를 더욱 효율적으로 쓰도록 긍정적인 역할을 톡톡히 한다. 아마 그에게 새벽 운동은 큰 의미이며 그어떤 것보다 가치 있는 일일 것이다.

의미를 찾는 사람이 인생을 구한다

결국 인생은 내가 의미를 부여하는 만큼 가치가 생긴다. 큰 의미를 부여하는 만큼 그 가치가 높아진다. 의미를 부여한다는 것은 다음과 같다.

의미 부여 = 행동의 이유 찾기 = 정체성

즉 의미 부여는 행동하는 이유를 찾는 것이며 이를 통해 나만의 정체성을 알아내야 한다. 당신에게 의미 있는 분야는 무엇인가? 당신이 그 일을 해야 하는 이유를 만들어보자. 그 이유는 당신에게 새로운 가치를 줄 것이다. 이때 당신이 찾아낸 가치는 개인적인 것이다. 그렇다면 다음과 같은 질문을 해보면 좋다.

'개인적인 가치를 넘어서 주변 사람들에게는 어떤 영향을 줄 수 있을까?'

'주변 사람들을 넘어서 사회에는 어떤 영향을 줄 수 있을까?'

'내 작은 행동으로 세상에는 어떤 긍정적인 영향을 주며 기여할 수 있을까?'

의미 부여란 개인적인 영역을 넘어서 나를 둘러싼 외부 영역에도 가치를 지닐 때 시작된다. 이때 내 행동은 가치를 만들기 위한 한 가지 단위가 된다. 마치 도미노 효과처럼 말이다.

당신이 할 일에 의미를 가득 채웠다면 지향점을 향해 단 한 걸음이라도 나아가야 한다. 오늘 하루 단 1퍼센트라도 그 지점에 다가가야 한다. 나의 성장을 진심으로 느껴야 한다. 엄청난 성장을 의미하는 게 아니다. 나아지고 있다는 믿음이 중요하다. 이것이 의미를 추구하는 과정이며 자신의 존재 의미를 만들어가는 방법이다. 이런 사람에게 인생은 즐거운 공간이 된다.

무엇보다 나 자신에게 의구심이 들지 않아야 한다. 제자리걸음만 했다는 기분이 들면 안 된다. 열심히 산 만큼 성장이 있어야 한다. **나의 지향점으로 단 한 걸음이라도 나아가야 한다. 그리고 스스로 잘하고 있다고 매일 되새겨야 한다.**

보통 어떤 목표에 도전하면 '과연 도달할 수 있을까?'라는 의문점이 생긴다. 여기서 조금 더 나아가면 그 목표를 자신이 이룰 수 없다고 생각하게 된다. 인간은 막다른 길에 도달하는 순간 좌절한다. 그와 함께 처음의 열망, 즉 에너지는 사그라든다. 따라서 그 무엇보다 가슴 설레는 지향점을 설정해야 한다. 자신이 그곳에 가야 하는 이유를 계속 떠올리고 의미를 끊임없이 부여하며 매일 아주 조금씩이라도 나아갈 수 있어야 한다. 이것이 열정의 본질이다. 이 과정을 매일 반복해야 한다.

관념은 한순간에 찾아왔다가 사라진다. 그렇기에 소중한 가치는 글로 써야 한다. 관념을 글로 표현하는 순간 현실에 존재하는 것이 된다. 진정한 열망은 단발성 이벤트가 아니다. 평생 끊임없이 추구하며 유지해야 하는 인생의 숙원 사업이다.

인간은 자신이 하는 행동이 가치 있다고 생각할 때 만족한다. 스스로 틀리지 않았다고 느끼는 건 매우 중요하다. 따라서 단순히 높은 수준의 목표가 열망을 불러오진 않는다. 아무리 대단한 성과를 낸다고 해도 마찬가지다. 그 결과에 스스로 의미를 담지 않으면 소용없다.

초심을 찾으려면 인생의 청사진을 다시 그려보자. 내가 실제로 종종 사용하는 방법 중 하나로 열정 에너지가 무뎌졌을 때 활용한다. 흰 도화지에 새로이 그림을 그리듯 내가 왜 이 행동을 하고 있는지 처음부터 차근차근 그려나간다.

이제 본격적으로 인생의 의미를 추구하는 과정을 소개할 것이다. 목표 달성의 가장 중요한 요소다. 폭발적인 열정을 장착하러 떠나자!

아무리 힘들고 어려워도
나를 잃지 않는 법

"왜 살아야 하는지 아는 사람은
그 어떤 상황도 견딜 수 있다."
_프리드리히 니체

누구나 한때 가슴 설레는 꿈을 품는다. 하지만 현실적인 조건에 굴복하고 순응하는 경우가 대부분이다. 현실에 순응하는 순간 사회의 기준에 맞춰진 나를 발견하게 된다. 환경의 파도에 휩쓸리며 표류하듯 살아가다 문득 이런 생각이 든다.

'내 인생은 도대체 왜 이럴까?'

'내가 바라던 인생을 살아가고 있는 건가?'

질문은 꼬리에 꼬리를 문다. 나는 정말 나를 위한 삶을 살고 있는가? 누군가에 의한 삶을 살아가고 있지는 않은가? 반드시 대학에 입학해야 하는 걸까? 그렇다면 어떤 학과에 가야 할까? 이 일은 내가 스스로 결정했는가? 어떤 회사에 지원해야 할까? 또 어떤 부서에 지원해야 할까? 지금까지 다른 사람들이 밟는 경로를 그대로 따라가기 바빴다.

이는 비극의 시작이다. 지금까지 우리는 자신의 소중한 인생을 외부에 휩쓸리게 내버려두었다. 시류에 인생을 맡겼던 것이다. 물론 가만히 있어도 앞으로 나아갈 순 있다. 파도가 이끄는 대로 흘러가는 건 굉장히 편하다. 그러나 결말이 문제다. 내 의도와는 전혀 다른 곳에 도착하게 된다. 마치 파도에 휩쓸려 표류하다 무인도에 버려진 난파선처럼 말이다.

자신만의 중심점이 있어야 한다. 그래야 이리저리 흔들리지 않는다. 삶의 마지막 도착지, 즉 최종 지향점을 인생의 목적이라 한다. 인생의 목적이 없다면 우리는 쉽게 무기력해지고 이런 생활이 반복되면 좌절과 절망에 빠지게 된다. 좌절과 절망이 반복되기만 하는 삶은 지옥과 같다. 마치 죽음의 수용소처럼 말이다.

죽음의 수용소에서 살아남게 한 존재의 이유

독일은 제2차 세계대전을 일으켜 전 세계를 대상으로 전쟁을 벌였다. 당시 유대인들은 독일군의 포로로 잡혀 무자비하게 인권을 유린당했다. 독일군은 유대인에게 강제 노동을 시켰고 질병 등으로 노동하지 못하게 되면 가스실에서 학살했다. 유대인이 수용돼 있던 아우슈비츠 수용소는 그래서 '죽음의 수용소'라고 불렸다.

빅터 프랭클Viktor Frankl은 이 죽음의 수용소에 갇혀 있었다. 정신과 의사였던 그는 당시 상황에 대해 소상히 기록했는데 이는 지금을 사는 우리에게도 너무나 소중한 교훈을 전달한다.

> 우리 구역 고참 관리인 F는 꽤 유명한 작곡가이자 작사가였다. 그가 어느 날 나에게 고백했다.
>
> "의사 선생, 선생님께 드릴 말씀이 있습니다. 이상한 꿈을 꾸었어요. 꿈에서 어떤 목소리가 소원을 말하라는 거예요. 내가 알고 싶은 것을 말하래요. 그러면 질문에 모두 대답을 해줄 거라고 하더군요. 그래서 제가 무얼 물어보았는지 아십니까? 나를 위해서 이 전쟁이 언제 끝날 것이냐고 물어보았지요. 무슨 말인지 아시겠소. 의사 양반? 나를 위해서 말이요. 저는 언제 우리가, 수용소가 해방될 것인지, 우리의 고통이 언제 끝날 것인지 알고 싶었어요."
>
> "언제 그런 꿈을 꾸었습니까?"
>
> 내가 물었다.
>
> "1945년 2월에요."
>
> 그가 대답했다. 그때는 3월이 막 시작됐을 때였다.

"그래, 꿈속의 목소리가 뭐라고 대답했나요?"

그가 내 귀에 나직하게 속삭였다.

"3월 30일이래요."

F는 희망에 차 있었고 꿈속의 목소리가 하는 말이 맞을 거라고 확신하고 있었다.

하지만 약속의 날이 다가왔을 때 우리 수용소로 들어온 전쟁 소식을 들어보면 그날 자유의 몸이 될 가능성은 거의 없어 보였다. 3월 29일, F는 갑자기 아프기 시작했고 열이 아주 높게 올랐다. 3월 30일, 예언자가 그에게 말해 주었던 것처럼 그에게서 전쟁과 고통이 떠나갔다. 헛소리를 하다가 그만 의식을 잃은 것이다. 3월 31일에 그는 죽었다. 사망의 직접적인 요인은 발진 티푸스였다.

인간의 정신 상태―용기와 희망 혹은 그것의 상실―와 육체의 면역력이 얼마나 밀접한 연관이 있는지 아는 사람은 희망과 용기의 갑작스러운 상실이 얼마나 치명적인 결과를 초래하는지 이해할 것이다.(중략) 앞에서도 얘기했지만 수용소에서 사람의 정신력을 회복시키려면 그에게 먼저 미래에 대한 희망을 보여주는 데 성공해야 한다.*

냉혹한 현실이었다. 수용소의 유대인은 굶주림과 추위에 떨었고

---

* 출처 : 빅터 프랭클, 《빅터 프랭클의 죽음의 수용소에서》, 청아출판사, 2020, 121~123쪽.

일상적으로 자행되는 폭력과 온갖 질병으로 고통스럽게 신음했다. 인간이 느낄 수 있는 모든 고통을 강제하는 곳이었다. 더욱 절망적인 것은 고통의 순간이 언제 끝날지 모른다는 것이었다.

절망은 내가 '왜' 살아야 하는지에 대한 의지를 꺾어버린다. 즉 인간의 존재 목적을 잠식한다. 이를 '실존적 공허'라고도 하는데 살아있을 이유가 없어진다는 의미다.

그러나 놀라운 사실이 있었다. 죽음의 수용소에서도 자신의 삶을 포기하지 않는 사람이 있었다. 예상과 달리 수용소에는 절망과 희망이 모두 있었다. 모든 고통을 강제하는 이 지옥 같은 곳에서도 실낱같은 희망이 존재했던 것이다. 그렇다면 희망을 잃지 않은 사람들, 자신의 삶을 포기하지 않은 이들은 도대체 무엇이 달랐던 것일까?

빅터 프랭클에 따르면 그들은 존재의 목적을 잃지 않았다고 한다. 그들은 수용소 밖으로 나가야 하는 명확한 이유를 가지고 있었다. 수용소 밖에 사랑하는 사람이 기다리고 있기에 사랑하는 사람을 만나기 위해서라도 살아야만 했다. 그리고 이 지옥이 끝나면 반드시 이루고 싶은 목표가 있었다. 그 목표 때문에 희망을 잃지 않고 살아갈 수 있었다. 이런 사람들은 지옥에서도 생존할 수 있다. '존재의 목적'을 가슴속 깊이 새기고 있기 때문이다. 이는 놀라운 발견이다.

인간이 살아가는 데 가장 중요한 건 무엇일까? 요즘 사회적 인식에 따르면 돈, 권력, 명예라고 할 수 있다. 이것도 물론 중요하다. 하지만 이보다 더 앞선 가치가 있다. **바로 자신이 왜 살아야 하는지 아는 것, 존재의 목적을 명확히 인식하는 것이다. 인간에게 이보다 더 중요한 것은 없다.**

존재의 목적이 뚜렷한 이들에게 현실은 희망 가득한 공간이다. 반면 실존적 공허에 빠진 이들에게 현실은 지옥이다. 죽음의 수용소에서 존재의 목적을 잃어버린 채 하루하루 살아가는 것과 같다.

존재의 목적은 희망을 품게 한다. 내가 살아가야 할 이유이자 반드시 도달해야 하는 나만의 소중한 지점이다. 이상향에 도달했을 때 얻을 수 있는 만족감이기도 하다. 이는 지치지 않는 열정을 끌어내는 데 가장 주요한 원인이 된다. 존재의 목적을 갖는 것은 내 인생의 의미를 추구하는 과정이며 그 과정에서 열정이 생겨난다. 이는 높은 퍼포먼스의 대전제다.

우리는 존재의 목적을 찾아야 한다. 우리 인간은 존재의 목적을 타고나지 않는다. 이는 불행이자 축복이다. 만약 태어날 때부터 존재의 목적을 갖고 있었다면 어떨까? 분명 지금 우리가 겪고 있는 많은 문제가 해결될 것이다. 진로, 적성 모두 내가 타고난 존재의 목적에 따라 결정되고 내가 가는 방향성에 대한 의문점은 완전히 사라진다. 나는 그렇게 태어난 존재이기 때문이다. 마치 전쟁용 로봇이나 도우미용 로봇과 다를 바 없다.

하지만 우리의 인생은 정해져 있지 않다. 그래서 더욱 소중하다.

내 운명을 스스로 선택해야 하며 그 선택이 불완전할지라도 충분히 의미 있다. **만들어진 삶이 아닌 만들어가는 삶, 이것이 인간인 우리에게 주어진 특권이다.**

존재의 목적은 반드시 직접 찾아야 한다. 타인에 의한 삶이 아니라 자신의 삶이기 때문이다. 치열하게 고민하고 경험하면서 스스로 질문하고 답변해야 한다. 나는 누구인가? 나는 왜 살아가야 하는가? 묻고 답하며 존재의 목적을 찾는 과정을 거쳐야 한다.

내 존재의 목적을 직접 설정하자. 내 운명의 주재자는 나 자신임을 선언하라. 나의 이상향, 가치 판단의 기준, 존재의 목적을 오롯이 내가 설정할 때 이는 모든 열망의 근원이 된다. 이 책에서는 이를 '정체성'이라고 통칭할 것이다.

나 자신을 모르면
열망은 절대 생기지 않는다

"안전한 항구를 떠나 항해하라. 당신의 돛에 무역풍을 가득 담아라.
탐험하라. 꿈꾸라. 발견하라."
_마크 트웨인

당신은 어떤 사람이 되고 싶은가? 영화 〈배트맨 비긴즈〉의 주인공 브루스 웨인은 부모님을 살해한 괴한에게 복수하고자 결심하지만 결국 그 마음을 접는다. 그의 마음을 바꾼 것은 무엇이었을까? 바로 '진정으로 나를 보여주는 것은 내면이 아니라 행동이다'라는 친구의 말이었다. 그는 이 말을 듣고 충격을 받는다. 자신이 원하는 모습과 행동이 달랐기 때문이다. 그 후 그는 고담 시티의 범죄를 소탕하는 영웅이 된다.

스스로가 원하는 모습이 되려면 생각에 그칠 것이 아니라 행동으로 보여주어야 한다. 그러려면 먼저 나 자신의 '정체성'이 무엇인지 알아야 한다.

정체성은 인생의 길잡이다

정체성은 내 존재의 목적이다. 나는 이 세상에 태어나 결국 무엇을 이루고 싶은가? 나의 최고의 모습은 무엇인가? 나는 어떤 존재가 되기를 바라는가? 어떻게 그 지향점에 도달하고 싶은가? 이에 답하고 정의 내리는 과정이다. 인생의 의미를 추구하는 가장 소중한 과정이다.

이 정체성을 어떻게 찾을 수 있을까? 작심만일을 위한 정체성 찾기 공식을 소개한다. 언뜻 간단해 보이지만 본질적인 요소가 함축되어 있다.

정체성 = 나의 지향점을 + 어떻게 + 이루는 존재가 될 것인가?

나의 지향점을 어떻게 이루는 존재가 될 것인가? 인생에서 단 한 가지를 해야 한다면 무엇을 할 것인가? 나는 어떤 지점에 도달하고 싶은가? 어떻게 그 길을 걸어나갈 것인가? 그래서 나는 어떤 존재가 될 것인가? 정말 다양한 문장으로 표현할 수 있을 것이다. 하고 싶은

것, 되고 싶은 것을 모두 나열해보자. 과거에 어떤 경험을 했는지도 떠올려보자. 그리고 기록하자. 사소한 것이라도 좋으니 가능한 한 많이 적어보자.

그런 다음에 적은 내용을 한 문장으로 압축해보자. 본질은 언제나 단순해야 한다. 두 문장도 길다. 단 한 문장으로 짧고 간결하게 정리해야 한다. 정체성에서 다양성은 오히려 그 가치를 모호하게 만든다. 모든 것을 포함하려는 욕심은 버려야 한다. 그전에 위 정체성 찾기 공식에 담긴 세 가지 요소에 관해 살펴보자.

1. '나의 지향점': 경험과 감정 들여다보기

우리 모두에겐 지향점이 필요하다. 이 지향점은 죽음의 수용소에서도 살아남게 해주는 힘이다. 지향하는 지점이 있어야 희망을 가질 수 있다. 희망은 언젠가 그 지점에 닿을 수 있다는 마음에서 생겨난다. 이로써 우리가 존재하는 이유를 찾을 수 있다.

그렇다면 나의 지향점을 어떻게 설정할 수 있을까? 단서는 과거에 있었던 인상적인 경험에 있다. 과거 당신에게 인상적인 일, 기억에 남는 일이 있는가? 지금도 생생하게 떠오르는 기억이 있는가? 10년이 지나도 뚜렷하게 떠오르는 기억이 있다. 반면 어제 일이지만 희미해진 기억도 있다.

대부분의 기억은 순간적으로 사라진다. 일시적으로 떠오르는 단기 기억이다. 어느 날 무심코 지나갔던 길은 쉽게 잊는다. 근처에 어떤 매장이 있는지 모두 기억하지 못한다. 특별한 의미 없이 받아들였기 때문이다. 하지만 그 매장 앞에서 큰 싸움이 났다고 가정해보자. 사람이 다치고 피를 흘리고 있다. 그 장면을 본 우리는 깜짝 놀라고 그 순간 목격한 모든 장면이 뇌리에 박힌다. 시간이 지나도 잊히지 않는다. 이는 순간적인 경험이 감정과 연결되어 장기 기억화되었기 때문이다. 감정은 기억을 지배한다. 즉 장기 기억은 인간의 강렬한 감정으로부터 온다.

과거 인상적이었던 경험을 떠올려보자. 내게 강렬했던 감정을 떠올리기 위한 방법이 있다. 다음에 제시된 세 가지 요소를 차근차근 따라해보자.

(1) 상황 기억

지금 바로 과거의 인상적이었던 상황을 떠올려보자. 올해에 당신은 무엇을 하고 있었는가? 작년에는 무엇을 하고 있었는가? 더 거슬러 올라가 3년 전, 5년 전, 10년 전에는 무엇을 하고 있었는가? 대학교 신입생이었을 수도 있고 취업 준비생이었거나 야근에 시달리는 직장인이었을 수도 있다. 그때 당신을 지배했던 감정이 있을 것이다. 입시, 취업 준비, 업무 등을 하느라 겪었던 감정 말이다.

잘 기억나지 않는다면 사진첩을 들여다보는 것도 좋다. 복잡하고 치열한 현실을 살아가다 보면 대개는 과거의 기억을 잊고 지낸다. 과거의 사진을 보면 당시의 상황을 떠올리기 쉽다. 새록새록 추억이 떠오르며 감성에 젖기도 한다. 이는 과거의 상황을 기억하는 좋은 방법이다.

여기서 떠오르는 모든 기억을 글로 적어보자. 글로 적지 않은 기억은 곧바로 사라진다. 기억은 신기루와 같아서 불현듯 나타났다가 사라진다. 그렇기에 글로 기억을 붙잡아야 한다. 뚜렷하게 남은 기억을 글로 기록해보자. 다음의 예시를 참고해보면 좋다.

- 원하는 대학교에 입학했을 때
- 선생님 혹은 직장 상사에게 칭찬을 받았을 때
- 친구들을 도와 고맙다는 말을 들었을 때
- 사람들 앞에서 발표하고 박수갈채를 받았을 때
- 나만의 방식으로 문제를 해결했을 때

(2) 상응하는 감정

위에서 떠올리고 붙잡았던 기억을 살펴보자. 각 기억에는 상응하는 감정이 있다. 그 감정이 무엇이었는지 들여다보자. 그 경험은 내게 어떤 감정을 느끼게 했는가?

유학에서는 인간의 감정을 '칠정'七情으로 분류한다. 희로애락애오

욕喜怒哀樂愛惡慾, 즉 기쁨, 분노, 슬픔, 즐거움, 사랑, 미움, 욕심의 감정이다. 지금까지 살면서 아마도 이 일곱 가지 감정을 빠짐없이 한 번쯤은 느껴봤을 것이다. 당신의 머릿속에 강렬하게 남은 기억은 어떤 감정으로 기억되는가? 과거에 당신은 어떤 감정을 느꼈는가? 이것도 글로 적어보자.

- 원하는 대학교에 입학했을 때 → **성취감**
- 선생님 혹은 직장 상사에게 칭찬을 받았을 때 → **뿌듯함**
- 친구들을 도와 고맙다는 말을 들었을 때 → **뿌듯함, 따뜻한 감정**
- 사람들 앞에서 발표하고 박수갈채를 받았을 때 → **자신감**
- 나만의 방식으로 문제를 해결했을 때 → **짜릿함**

(3) 상위 가치 감정

감정은 곧 에너지다. 강력한 감정은 강한 에너지로 출력된다. 불쾌한 감정은 불쾌함을 느끼는 대상을 피하고 싶게 하고, 즐거운 감정은 즐거움을 느끼는 일을 계속하고 싶게 한다. 따라서 인간은 감정에 큰 영향을 받는다.

당신에게 가장 소중한 감정은 무엇인가? 물론 모든 감정이 소중하지만 그중에서도 가장 소중하게 여기는 감정이 있을 것이다. 상위에 있는 감정들을 뽑아 자신이 어떤 감정을 가장 소중하게 여기는지 비교해보자. 당신은 어떤 감정을 평생 간직하고 싶은가?

- 친구들을 도와 고맙다는 말을 들었을 때 → 뿌듯함, 따뜻한 감정
- 나만의 방식으로 문제를 해결했을 때 → 짜릿함

과거 회상을 통해 자신이 소중하게 여기는 감정이 무엇인지 알아냈다면 이제는 이를 활용해서 나만의 지향점을 만들어보자.

- **과거의 인상적인 경험**

  친구들을 도와 고맙다는 말을 들었을 때 → 뿌듯함, 따뜻한 감정
- **지향점**

  모든 사람이 자립하게 돕는다

각자만의 소중한 감정이 있을 것이다. 그 감정은 지금까지 내가 경험한 것을 토대로 만들어졌다. 이제는 지향점을 만들 차례다. **내가 가장 소중하게 여기는 감정은 무엇인가? 그리고 이 감정을 가장 잘 느낄 수 있는 경험은 무엇인가?**

개인적으로 나는 누군가에게 도움이 되는 존재가 될 때 가장 소중한 감정을 느꼈다. 내가 경험하고 알게 된 방법으로 사람들을 돕고 감사하다는 말을 들을 때 매우 뿌듯했고 따뜻한 감정을 느꼈다. 내가 누

군가에게 도움이 되는 존재라는 게 기뻤다. 가슴이 벅차오르는 감정이 종일 지속되었고 이 순간을 영원히 간직하고 싶었다. 내 존재의 이유를 찾은 느낌이었다. 그래서 나는 이 감정을 지속적으로 느끼기 위해 다음과 같은 지향점을 설정했다.

'모든 사람이 자립하도록 돕는다.'

내 지향점은 모든 사람이 자립하는 데 있다. 나는 어려운 상황에 있는 누군가가 자립하도록 도움을 줄 수 있을 때 가장 보람을 느낀다. 고통스러운 삶을 살아가는 사람에게 희망을 전하고 싶다. 가난한 사람에게 돈을 주는 것은 임시방편일 뿐이며 스스로 일어날 수 있도록 방법을 알려주는 것이 근본적인 해결책이다. 그래야 어떤 어려움이 있어도 스스로 일어날 힘을 얻는다. 그것이 자립하는 유일한 방법이다.

이와 같은 방식으로 당신의 지향점을 설정해보자. 당신의 지향점은 무엇인가? 당신의 소중한 감정을 느끼게 하는 것은 무엇인가? 그것이 바로 당신이 도달해야 할 지점이다.

2. '어떻게': 지향점 도달 방법 찾기

지향점을 설정했다면 이제 어떻게 도달할 것인지 생각해야 한다. 누군가는 초고속으로 성장하는 게 가장 효율적인 방법이라고 판단할 수 있다. 반면 빠르진 않아도 안정적인 방식으로 성장하기를 바랄 수도 있다. 또는 그보다 더 중요하게 생각하는 가치가 있을 수 있다. 이는 각자 자신의 가치관에 따라 결정된다.

내 경우는 다음과 같다. 나는 문제의 본질을 나만의 관점으로 공략하며 지향점에 도달하고 싶다. 문제를 여러 각도에서 접근하기 보다 가장 본질적인 부분으로 보이는 것을 찾아낸 후 이를 공략하는 것이다. 즉 '본질을 적중시키며' 나만의 방식을 설계하고 행동해 결과로 증명한다. 이때 올바른 선택을 했다는 느낌이 들어 무척 짜릿하다. 이 감정을 다시금 느끼며 살아갈 방법이 없을까? 나는 과거의 인상적인 경험을 통해 내 감정을 들여다보았고 여기서 나만의 지향점 도달 방법을 찾아냈다.

- **과거의 인상적인 경험**

  나만의 방식으로 문제를 해결했을 때 → 짜릿함

- **어떻게**

  본질을 적중시키며

최종적으로 내 모토는 '본질을 적중시키며' 성장하는 것이다. 높은 성과에 필수적인 방식으로, 동일한 시간에 최대 효과를 뽑아낸다. 본질을 찾고 공략할 수 있다면 몇 배 이상의 효과를 낼 수 있다.

유튜브 콘텐츠는 매일이 시험 무대다. 내가 업로드한 영상은 곧바로 성적표를 받는다. 사람들에게 어떻게 받아들여지는지가 수치로 나타난다. 조회 수, 시청 지속 시간, 노출 클릭률이 실시간으로 기록된다. 성공이나 성장, 변화에 대해 사람들이 궁금해하는, 본질을 찌르는 콘텐츠를 만들면 높은 조회 수가 나온다. 그럴 때마다 나는 짜릿함을 느낀다.

이는 유튜브에만 국한된 게 아니다. 모든 것에 본질이 숨어 있다. 이를 분석해 들춰내어 내가 맞게 접근했다는 걸 증명하고 싶고 이런 방식으로 내 지향점에 도달하고 싶다. **당신은 당신의 지향점에 '어떻게' 도달하고 싶은가? 당신은 언제 가장 희열을 느끼는가?**

3. '이루는 존재가 될 것인가?': 궁극의 방향성 설정

앞으로 당신은 어떤 존재가 될 것인가? 도달하고 싶은 지향점을 자신의 방식으로 접근해서 자신이 어떤 존재가 될 것인지 정의해야 한다. 도달해야 하는 궁극적인 지점 말이다.

나는 본질을 적중시켜 모든 사람이 자립할 수 있도록 돕고 싶다. 그리고 이를 행동으로 증명하는 사람이 되고 싶지, 말로만 하는 사람이 되고 싶지 않다. 말한 바는 목숨처럼 지켜서 끝까지 해내는 존재가 되고 싶다. 생각을 행동으로 증명하는 사람이 되고 싶다. 그러려면 늘 깊이 고민하고 모든 일에서 다양한 측면을 바라볼 수 있어야 한다. 그리고 이를 체계화해서 보편 법칙으로 끌어올리고 행동으로 증명해야 한다. 이런 사람은 '행동하는 철학자'라고 정의할 수 있다. 즉 나는 행동하는 철학자가 될 것이다.

당신은 미래에 어떤 존재가 되고 싶은가? 그 누구도 대체할 수 없는 존재, 오직 나만이 될 수 있는 존재를 그려보자. 어렸을 적 우리는 모두 뭔가가 되고 싶다는 꿈을 꾸었다. 대개는 과학자, 의사, 선생님 등 특정한 직업을 꿈꾸었을 것이다. 여기에 의미를 더 부여해보자. 사업가를 꿈꿨는가? 그렇다면 무엇에 가치를 부여하는 사업가가 될 것인가? 구체적으로 의미를 부여하는 만큼 당신의 꿈은 더욱 특별해진다.

위와 같은 방식으로 당신의 정체성을 아래 예시와 같이 정의해보자. 지금까지 적은 목록을 모두 비교해 살펴보고 그중에서 가장 소중한 것만 남긴다. 그리고 이 가치를 한 문장으로 만들어 자신만의 정체성을 정의해보자.

나의 지향점: 모든 사람이 자립하도록 돕는

어떻게: 본질을 적중시키며

이루는 존재가 될 것인가?: 행동하는 철학자

위 예시를 한 문장으로 만들면 다음과 같다. '본질을 적중시키며 모든 사람이 자립하도록 돕는 행동하는 철학자.' 정리해보자. 당신은 어떤 지향점을 설정했는가? 그 지향점에 어떻게 도달할 것인가? 결국 당신은 어떤 존재가 되고 싶은가? 그 한 문장은 당신이란 존재를 구체적으로 정의했는가? 이는 당신이 성장으로 나아갈 때 가장 중요한 에너지, 즉 추진력이 될 것이다.

—

정체성을 무기로
앞으로 나아가라

"희망은 볼 수 없는 것을 보게 하고
만져질 수 없는 것을 느끼게 하고 불가능한 것을 이룬다."
_헬렌 켈러

살다 보면 누구나 어둠 속에 머무르는 것 같은 시기가 있다. 때론 삶은 고난과 역경의 연속이다. 하지만 아무리 현실이 냉혹할지라도 나를 비추는 조그마한 빛이 있다면 우리는 앞으로 나아갈 수 있다.

영화 〈인생은 아름다워〉에서 주인공의 아버지는 참혹한 나치의 학살 현장에서도 아들에게 따뜻하고 동화 같은 세상을 남겨주고자 웃음을 잃지 않는다. 그는 자신이 죽음에 이르는 마지막 순간까지도 환히 웃으며 삶의 아름다움을 보여준다.

이렇듯 모든 것은 나의 마음으로부터 출발한다. 그렇기 때문에 지금까지 우리가 발견한 '정체성'은 우리 삶의 가장 큰 무기가 될 것이다. 지금까지 여러 과정을 거쳐 찾아낸 당신의 정체성은 다음과 같은 가치가 있다.

정체성의 가치 1. 나의 소중한 꿈과 감정을 담은 이상향이다

인간은 늘 어딘가를 바라보는 존재다. 동경하는 대상이 있으며 그것을 향해 나아가길 원한다. 그리고 할 수 있다는 믿음과 희망을 가슴속에 품고 한 걸음씩 나아간다. 진정으로 도달하고 싶은 이상적인 지향점이 있기 때문이다. 당신이 세운 지향점은 당신의 가장 소중한 감정을 담고 있다. 누군가는 경제적 자유를 갈망할지 모른다. 실제로 물물교환의 수단인 돈은 많을수록 좋다. 선택의 범위가 넓어지고 물리적 제한과 강압에서 벗어날 수 있다. 그렇기에 대부분 사람이 지향하는 지점이기도 하다. 자유는 인간의 근원적인 갈망이기도 하다.

어떤 사람은 평온한 인생을 살고 싶어 한다. 큰 위기를 피하길 바라고 안정적인 삶을 최우선 순위로 둔다. 이는 타인에게 자랑할 만하지는 않지만 부끄럽지도 않은 삶이다. 이들은 누군가에게 자신이 알려지길 원치 않으며 지금 현 상태를 유지하고 싶어 한다. 이 역시 누군가의 이상향이 될 수 있다. 이렇듯 정체성은 자기만의 이상향을 그대로 담고 있다.

정체성의 가치 2. 모든 선택의 가치 판단 기준이다

우리는 살면서 수많은 선택의 기로에 선다. 어떤 선택을 해야 가장 올바른 선택일까? 지금까지는 직관에 의존해서 선택했거나 기회만을 쫓아 선택했을 수도 있다. 하지만 이제는 다르다. 나만의 기준이 생겼기 때문이다. 앞서 정립한 '정체성'을 기준으로 판단하면 된다.

이 정체성은 내 인생의 최상위 가치 판단의 기준이다. 내 인생의 가장 소중한 감정을 바탕으로 반드시 되고 싶은 모습을 그렸다. 따라서 이 지향점이야말로 내 인생의 최상위 가치다. 이보다 중요한 것은 없다.

추진력을 극대화할 때도 정체성은 반드시 필요하다. 어떤 일을 계획하고 실행하기 전에 자신의 인생에서 불필요한 부분을 정리해보자. 만일 정리한 뒤에도 살아남은 것이 있다면 이는 당신의 인생에서 가장 소중한 부분일 것이다. 정체성은 당신의 행동에 정당성을 부여한다. 또한 목표를 향한 추진력의 근원이 된다. 높은 퍼포먼스는 압도적인 추진력이 필수다.

정체성의 가치 3. 나의 존재 이유다

정체성은 내가 왜 사는지, 그 이유를 만들어준다. 즉 나의 존재의 이유를 설명한다. '왜 살아야 하는가?' 확고한 정체성을 가진 사람에게 이는 너무나 쉬운 질문이다. 반면 정체성이 없다면 이 질문에 쉽게 답하지 못하고 머뭇거리게 된다.

당신이 살아야 하는 이유는 당신이 되고 싶은 당신의 모습, 즉 지향점에 도달하기 위해서다. 그곳에는 당신이 가장 소중하게 여기는 감정이 있다. 심지어 지향점까지 가는 과정에서도 그 소중한 감정을 느낀다. 지향점은 당신이 멈추지 않고 성장해야 하는 이유다. 당신은 지향점을 향해 묵묵히 걸어가며 인생의 의미를 부여한다. 오늘도 한 걸음 당신의 지향점에 가까워지고 있다고 느낀다. 이렇게 매일 성장하는 감정을 느끼는 것이 바로 이상적인 상태다. **'나는 나아간다. 고로 나는 존재한다.'**

정체성은 마음속에 희망을 품도록 만들어준다. 우리는 반드시 도달하고 싶은 지향점을 향해 나아가며 우리에게 일어난 일을 해결하고 인생의 의미를 찾아야 한다. 이것이 우리가 살아야 하는 이유다.

우리는 인생의 기준점을 세웠다. 이 기준점은 앞으로 무궁무진하게 활용될 것이다. 정체성은 당신의 인생 전반에 직접적인 영향을 미친다. 예를 들어 목표를 어떻게 설정해야 하는지의 문제도 마찬가지다. 목표 역시 나의 존재 목적을 강화하는 방향으로 설정해야 한다. 이때 목표는 내가 설정한 지향점으로 나아가는 수단이 되어줄 것이다. 결국 목표 달성은 내 인생의 의미를 추구하는 과정 그 자체다.

이제부터 시작이다. 당신은 성장의 첫걸음을 떼었다. 인생의 큰 중심축을 세웠다. 정체성은 당신의 인생에 날개를 달아줄 것이다. 에너지를 끊임없이 재생산할 기반이 되고 성장 마인드셋을 더욱 단단하게 만들어줄 것이다. 이것이 목표 달성의 본질적 요소다.

사람들이 가장 궁금해하는 정체성 찾기 Q&A

당신이 찾아낸 정체성은 당신을 행동으로, 당신의 가장 소중한 감정으로 이끌 것이다. 이제는 이를 기반으로 목표를 설정할 차례다. 올바른 목표 설정은 달성이라는 결과를 가져온다. 다음 장에서는 정체성을 기반으로 목표를 설정하는 방법을 배울 것이다. 다음은 정체성에 관해 사람들이 자주 물어보는 질문에 관한 답변이다.

Q. 내가 무엇을 좋아하는지 모르겠어요.

A. 정체성을 찾기는 쉽지 않다. 자신과의 대화가 익숙하지 않으면 더욱 그렇다. 내가 무엇을 좋아하는지 찾기 어렵다. 영화 〈인터스텔라〉의 주인공을 연기한 매튜 매커너히는 한 대학 연설에서 다음과 같이 말했다.

> "당신이 있지 말아야 하는 곳은 당신이 있어야 하는 곳만큼 중요합니다. 우리의 진정한 정체성으로 나아가는 첫 단계는 '난 내가 누군지 알아'가 아닙니다. 보통은 '어떤 사람이 되고 싶지 않아'입니다. 소거법이죠. 어떤 사람이 되고 싶지 않은지 정의하는 것은 내가 누구인지 제대로 알 수 있는 첫 번

째 단계입니다."

당신은 어떤 인생을 살고 싶지 않은가? 되고 싶지 않은 존재를 나열해보자. 그리고 그것을 제외하면 내가 무엇을 선호하는지 드러난다. 이 또한 자신의 정체성을 찾는 데 도움이 될 것이다.

Q. 정체성을 찾지 못해서 다음 과정을 이어갈 수가 없어요.

A. 정체성은 내 삶의 기준을 정하는 것이다. 신중하게 정해야 한다. 이를 기준으로 모든 성공의 원리가 파생된다. 하지만 고심이 깊어도 문제다. 생각이 깊어질수록 정체성을 결정하기 어렵다. 많은 생각이 오히려 방해할 수도 있다.

실제 수강생이 겪었던 일이다. 그는 온라인 클래스가 진행되는 동안 정체성을 설정하려고 시도했지만 고민이 많아 결정을 내리지 못했다. 결국 뒤에 남은 강의를 제대로 듣지 못하고 클래스를 종료했다.

세상에 완벽한 정체성은 없다. 결정하기 어렵다면 시간을 정해놓고 생각해보는 것도 좋다. 한 시간 안에 정리해보고 이를 기준으로 방점을 찍자. 걱정하지 않아도 된다. 앞으로 계속해서 이 정체성을 수정해나갈 것이다. 어떤 정체성이든 기준점을 설정해 전체 프로세스를 경험해보는 것이 더 중요하다.

Q. 제 정체성을 정해주세요! 정체성을 이렇게 정하는 게 맞나요?

A. 더욱 성장하고 싶은 마음에 타인에게 자신의 정체성을 정의해주기를 청하는 사람들도 있다. 또 자신이 정한 정체성이 올바른 것인지 의문이 들 수도 있다. 하지만 정체성은 '스스로' 정해야 한다. 타인이 나의 소중한 감정을 감히 판단할 수 없다. 나의 소중한 감정은 나에게는 최고의 가치다. 그 누구도 옳고 그름을 판단할 수 없다.

정체성은 자신만이 디자인할 수 있다. 오직 한 인간의 고유 권한이다. 우리는 지금까지 망망대해의 파도에 휩쓸리며 살아왔다. 누군가에 의해 끊임없이 강요받아온 인생이다. 만약 타인이 정한 정체성으로 살아간다면 다시 파도에 휩쓸리기를 선택한 것이다.

아직 스스로가 결정하는 게 익숙하지 않을 수 있다. 하지만 지금부터는 달라져야 한다. 누군가에게 의지하지 말고 스스로 정해보자. 정체성에 틀린 것은 없다.

Q. 이것이 제게 '맞는' 정체성인지 모르겠어요.

A. 정체성을 처음 정하고 나면 어색하기 짝이 없다. 더듬더듬 정체성을 적어보고 말해보지만 아직 입에 붙지도 않고 정확히 기억나지도 않는다. 이게 제대로 된 정체성이 맞나? 의심이 들기도 한다. 나에게 찰떡같이 맞는 정체성은 지금 당장 찾기 어렵다. 나 또한 여러 번 바뀌었다.

분명 내게 더 소중한 감정이 있을 수 있다. 다만 지금 당장 떠오르지 않았을 뿐이다. 그렇다면 우선 정해둔 정체성으로 그다음 과정을 진행하자. 이와 동시에 두 가지를 같이 진행하는 것을 추천한다. 먼저 과거 회상을 더 진행해보자. 한 시간 만에 내가 살아온 인생 모두를 재조명하기 어렵다. 어렸을 적 썼던 일기를 찾아보거나 부모님, 친구와 과거를 회상하며 대화를 나누는 것도 좋다. 나도 모르는 사실을 알게 되면서 새로운 감정을 느낄 수도 있다.

그런 다음에는 유튜브나 책, 영화를 찾아보자. 인풋input을 늘리는 것이다. 다른 사람의 방해를 받지 않는 나만의 시간을 확보하고 핸드폰도 멀리두자. 오롯이 내 감정에만 집중할 수 있는 충실한 시간이어야 한다. 여기서는 지식을 얻는 게 아니라 감정을 얻어야 한다. '내가 가장 소중하게 여기는 감정은 무엇일까?' 이 질문을 가슴속에 새겨두고 위의 과정을 진행해보자.

Q. **제 정체성이 완벽하지 않은 것 같아요.**

A. 지금 정의한 정체성이 완벽하지 않은 것 같은가? 걱정하지 말자. 정체성은 시간이 지남에 따라 진화한다. 그 이유는 정체성 공식에 있는데 다시 한번 정체성 공식을 떠올려보자(76쪽 참고).

앞서 우리는 정체성을 설정할 때 감정을 중요하게 여겼다. 감정은 과거의 인상적인 경험으로부터 나왔다. 과거의 경험은 어떻게 만들어지는가? 현재의 경험이 시간이 지나 과거가 된다. 우리는 현재를 살아가고 있다. 현재의 시간은 과거로 흘러간다. 그렇게 과거는 차곡차곡 쌓인다. 우리는 앞으로도 수많은 경험을 할 것이다. 내 인생을 뒤바꿀 강연을 볼 수도 있고 감명 깊은 인생 영화를 시청할 수도 있다. 지인과의 대화에서 큰 인사이트를 얻을 수도 있다. 이런 경험은 시간이 지나면 자연스럽게 '인상적인 과거'가 된다.

새로운 인상적이 경험이 있으면 정체성이 변할 수 있다. 이전보다 더 소중한 감정을 불러일으킬 수 있기 때문이다. 더 강렬한 감정은 더 큰 추진력으로 우리를 성장시킨다. 이처럼 변화하는 상황에 맞춰 정체성도 진화해야 한다. 정체성을 설정한 공식대로 자주 자신에게 묻고 답해보자. 이 과정에서 정체성은 점점 더 다듬어질 것이다.

작심만일 실천법

1. 당신의 정체성을 만들어보세요.

2. 정체성을 직접 글로 써서 가장 잘 보이는 곳에 두세요.

※ 반드시 정체성을 설정한 뒤에 다음 장으로 넘어가세요.

제3장

당신을 움직이는
목표가 진짜 목표다

: 목표 설정

당신이 목표 달성에
계속 실패하는 이유

"탁월한 성과는 당신에게 중요한 단 한 가지로
초점을 얼마나 좁힐 수 있느냐에 달렸다."
_게리 켈러Gary Keller

우리가 목표에 대해 오해하고 있는 사실이 있다. 일반적으로 성공한 사람들이 '목표'에 대해 말하는 메세지는 '올바른 방향'으로 포장된 경우가 많다. 그러나 실제로 그런 목표는 우리를 잘못된 방향으로 안내한다. 작심삼일에 익숙해져 있는가? 그렇다면 목표를 세울 때 다음과 같이 진행했는지 점검해보자. 이 부분을 해결해야 올바른 목표 설정이 가능하다. 우리가 흔히 알고 있는 목표에 대한 오해를 하나씩 살펴보자.

지금까지 알고 있는 목표에 대한 생각은 잘못되었다

1. 꾸준히 하면 성공한다?

종종 유튜브 성공 비결에 대해 질문받을 때마다 고민이 깊어지곤 한다. 정말 간단하게 설명하자면 단 한 문장으로도 말할 수 있다. 그러나 나름의 원리를 함께 설명하면 20강이 넘는 강의가 된다. 어떻게 답변해야 할지 고민하다가 문득 다른 사람들은 어떻게 설명하는지 궁금했다. 그래서 관련 유튜브를 검색해보니 여러 가지 영상이 있었다. 영상 속 사람들은 자신이 성공할 수 있었던 원리를 설명하며 이렇게 대답했다.

"꾸준히 해야 합니다."

분명 맞는 말이다. 무엇이든 꾸준한 게 중요하다. 하지만 이는 오해를 불러일으킬 수 있다. 예를 들어 이 말에 크게 공감한 사람이 있다고 하자. 그래서 그는 다른 모든 일을 제쳐두고 '1일 1영상'을 실천하며 꾸준히 영상을 업로드했다. 마치 전업 유튜버처럼 매일매일 치열하게 노력하며 영상을 만들고 업로드한 것이다. 과연 그는 유튜브에서 성공할 수 있을까? 그렇지 않다. 아마 곧 그는 다음과 같은 의문이 들 것이다.

'다른 사람들보다 더 열심히, 꾸준히 하는 것 같은데 왜 결과가 나오지 않지?'

안타깝지만 이는 성공한 사람들도 자주 실수하는 부분이다. 사실 그들은 자신이 왜 성공했는지 잘 모르는 경우가 많다. 성실함은 필수 요소다. 하지만 목표 달성에 성실함은 지극히 일부일 뿐이다. 다른 성공 요인이 함께하지 않는다면 목표 달성은 어렵다.

목표를 달성하고 성공하는 것은 성실하기만 해서는 안 된다. 문제 해결 능력, 즉 본질에 접근하는 능력이 있어야 한다. 그렇게 했다면 1일 1영상을 올리지 않아도 된다. 일주일에 영상 하나만 올려도 폭발적 성장이 가능하다. 본질적 접근이 꾸준함을 압도하기 때문이다. 열심히, 꾸준히 한다고 해서 반드시 이길 수는 없다. 이미 세상은 올바르고 열정적으로, 꾸준하게 움직이는 사람이 승리하고 있다.

2. 다양한 목표에 도전해야 한다?

인스타그램을 둘러보면 몸 좋은 사람들이 많이 보인다. 이들은 자신의 몸을 열심히 가꿔 보디 프로필을 찍는다. 정말 멋있어 보인다. 나도 가능할까? 확신은 들지 않지만 그래도 도전해보고 싶어 올해의 목표에 보디 프로필 촬영을 추가한다.

한편 요즘 유튜브에는 경제적 자유를 이룬 사람들이 자주 보인다. 그들의 영상을 클릭해본다. 충격적이다. '이렇게 하면 월 1,000만 원을 벌 수 있다고? 그러면 더 이상 직장 일로 스트레스를 받지 않아도 되겠네?' 부업으로 도전할 수 있는 것을 찾아본다. 스마트 스토어가

괜찮아 보인다. 스마트 스토어로 월 100만 원 만들기를 목표로 설정한다.

성공하려면 책도 읽어야 한다. 경제적 자유를 이룬 사람들이 하나같이 강조하는 사실이다. 그들이 추천한 자기계발, 재테크, 심리학 책 목록을 정리한다. 대략 20권 정도 나온다. 이를 모두 다 구매하고 일주일에 한 권씩 책 읽기 목표도 세운다.

이런 경험은 아마 모두가 해봤을 것이다. 호기심에 비례해 목표 개수가 증가한다. 이것도 하고 싶고, 저것도 이루고 싶다. 우리는 보통 목표를 이렇게 정한다. 그러나 이는 목표 달성에 실패하는 가장 큰 요인이다. 목표 설정은 쉽다. 한 문장 적으면 그만이다. 하지만 이를 이루는 데는 정말 많은 시간과 노력이 필요하다.

목표 달성 과정에는 늘 한계점을 만나게 된다. 한계점에 직면하지 않는 성장은 있을 수 없다. 하지만 그 지점은 고통의 영역이다. 몸과 마음을 다해도 답이 보이지 않고 결과는 그간의 노력을 배신하는 것 같다. 딱히 묘수가 보이지 않는다. 일이 진척되지 않아 답답하다. 그렇게 정체기를 겪는다.

만약에 목표가 하나라면 이를 이겨내지 않으면 안 된다. 단 하나밖에 없는 목표이기 때문이다. 그러나 목표가 여러 개면 힘든 목표는 자연스럽게 피하게 된다. 대신에 다른 목표를 달성하면 된다고 생각한다. '난 그래도 열심히 살고 있으니까!' 하며 심리적 위안을 얻는다.

그렇게 점점 해야 할 일이 감당하지 못할 정도로 늘어난다. 하나의 목표를 온전히 달성하기도 쉽지 않은데 이렇게 일을 벌여놓기만 해서는 해결되지 않는다. 중요한 것은 매듭이다. 끝까지 행동해서 원하는 결과를 얻어야 한다. 다양한 목표는 이런 과정을 방해할 뿐이다.

다양한 목표를 세우고 한꺼번에 도전하지 말자. 늘 애매한 성과만 얻거나 한계점에 직면하면 다른 목표로 눈을 돌리게 된다. 이는 본질에 적중해 목표를 달성하는 행동이 아니다. 쉬운 목표에만 집착하게 되고 성장의 한계점을 뚫지 못한다. 높은 목표는 한계점을 극복한 사람만이 가져갈 수 있다.

3. 목표는 크게 잡아야 좋다?

세계적인 억만장자 그랜트 카돈Grant Cardone은 세일즈와 부동산으로 막대한 부를 쌓았다. 그의 성공학을 담은 저서 《10배의 법칙》에서 그는 항상 10배 높은 목표를 잡으라고 강조한다. 이는 성공한 사람들이 공통으로 하는 주장이다. 높은 목표를 설정하는 것이 자신에게 잠재된 능력을 끌어올리는 방법이기 때문이다. 물론 그 과정에서 실패할 수도 있다. 그래도 평범한 목표보다는 더 성장할 수 있다.

압도적 성장에는 원대한 목표 설정이 필수적이다. 성공한 사람들은 그렇게 성장을 이끌었다. 위대한 성과는 바로 높은 이상을 추구하는 데서 나오기 때문이다. 하지만 아이러니하게도 바로 이것이 우리가 목표를 달성하지 못하는 요인이다. 그들은 당신도 할 수 있다고 말한다. 하지만 그렇지 않다. 모든 사람이 모든 어려움을 다 이겨낼 순 없다. 현재 겪고 있는 상황, 심리 상태, 축적된 경험에 따라 천차만별이다. 자신에게 직면한 문제를 어떻게 해결하느냐는 모두 다를 수밖에 없다.

특히 높은 성취에는 상상하기도 어려운 수많은 어려움이 기다리고 있다. 성공한 사람들은 이 모든 어려움과 고난을 이겨내고 다양한 도전을 거쳐 단단한 마인드셋을 갖추게 되었다. 결국 그들은 원대한 목표에 필요한 단단함을 갖고 있던 것이다.

그러나 정체성을 세우지 못했거나 열망을 가질 이유를 아직 찾지 못한 사람들에게 원대한 목표는 치명적이다. 너무 큰 목표와 이에 따르는 어려움은 그런 사람들을 좌절하게 할 뿐이다. 이미 여러 번 반복된 실패에 자존감이 바닥을 친 상황에 놓여 있는 경우가 많기 때문이다. 잠깐 용기를 얻어 재도전하지만 또 실패하고 이 과정이 반복되면 깊은 좌절감에 빠지게 된다. '나는 아무리 해도 안 돼!', '부자들은 타고나는 거야'라고 자조하게 된다.

한번 빠진 좌절의 늪에서는 감정이 쉬이 다스려지지 않는다. 술로 마음을 달래게 되고 힘들 때마다 술에 의존하는 습관이 생긴다. 술은 술을 부르고, 부정적인 감정은 더욱 요동친다. 이 과정이 반복되면서 부정의 소용돌이에 빠진다. 이처럼 높은 목표는 오히려 실패를 안겨

줄 가능성이 크다.

성공은 고통을 견디는 능력이 뛰어난 사람에게 유리하다. 이를 가리켜 '인듀어 지수'Endure Index 라고 부르는데 자신에게 주어진 고통을 참고 견디는 능력을 의미한다. 엘리트 운동선수들, 크게 성공한 사람들은 이 능력이 탁월하다. 평범한 사람들과 압도적으로 차이가 난다.

우리 대부분은 아직 높은 목표를 성취할 수 없는 상태에 있다. 고통을 견디는 능력도 턱없이 부족하고 문제 해결 능력도 미흡하다. 끊임없이 에너지를 만들어내는 능력도 낮다. 성공 요인의 레벨이 모두 부족한 상태다. **그런 우리가 높은 목표를 설정하면 안 된다. 겸허하게 받아들이고 한 단계씩 레벨을 쌓아나가야 한다.**

목표에 대한 이런 잘못된 통념들에서 하루빨리 벗어나야 한다. 이대로 간다면 또 실패가 반복된다. 더 이상 실패하고 싶지 않다면 이번에는 변해야 한다.

제대로 된 목표를 잡아라,
성공의 8할이 결정된다

"명확히 설정된 목표가 없으면
우리는 사소한 일상을 충실히 살다 결국 그 일상의 노예가 되고 만다."
_로버트 하인라인 Robert Heinlein

올바른 목표 설정은 무엇일까? 목표 달성은 단순하지 않다. 현재 자신의 레벨보다 높은 목표를 달성하는 일에는 필연적으로 고통이 수반된다. 반면 자신의 레벨보다 낮은 목표는 만족감을 가져다주지 못한다. 자신에게 현실적인 목표를 설정해야 한다. 목표의 개수 또한 중요하지 않다. 달성한 목표가 나에게 얼마나 더 큰 가치를 가져다주는지가 중요하다. 단 하나의 목표 달성이 다른 세 가지 목표를 달성하는 것보다 더 가치 있을 수 있다.

이처럼 올바른 목표 설정에는 원칙이 있다. 이를 지키는 사람은 최적의 길을 찾아 나아간다. 그렇지 않은 사람은 돌고 돌아가는 길을 택하게 된다. 시간이 지날수록 결과의 차이는 벌어질 수밖에 없다. 위대한 성공은 올바른 목표 설정에서 시작한다. 그 첫 단계는 '궁극의 목표'를 설정하는 것이다.

인생을 바꾸는 '궁극의 목표'를 찾는 법

궁극의 목표는 목표 중의 목표다. 최상위 가치를 담고 있다. 이루고자 하는 다양한 목표들 중에서도 자신에게 더 소중한 목표가 존재할 것이다. 이를 궁극의 목표라고 한다. 이것이 올바르게 설정되어야 한다. 그래야 똑같은 노력을 하고도 더 좋은 결과를 낼 수 있다.

궁극의 목표는 정체성이 구체화된 결과로서의 목표, 다른 목표가 쉬워지는(혹은 필요 없어지는) 단 하나의 목표, 어떤 의문점도 들지 않는 분명한 목표, 이 세 가지를 기준으로 설정할 수 있다.

1. 정체성이 구체화된 결과로서의 목표

정체성은 자신이 추구하는 지향점이다. 우리는 인생에서 반드시 도달하고 싶은 지점으로 나아갈 때 가장 소중한 감정을 느끼게 된다. 따라서 살면서 정체성을 실현하는 것이야말로 모든 일 중에서 가장 큰 만족감을 가져다준다. 그러나 이를 바탕으로 어떻게 행동해야 할지 감이 오지 않는다. 정체성은 추상적이기 때문이다. 정체성은 구체적인 행동으로 표현될 수 없다.

앞서 제2장에서 내가 개인적으로 설정한 정체성을 예로 들어보자. 나의 정체성은 '본질을 적중시키며 모든 사람이 자립하도록 돕는 행동하는 철학자'였다. 하지만 여기에서 의문점이 발생한다. 자립은 무슨 의미인가? 본질을 적중시키는 방식은 무엇인가? 행동하는 철학자는 어떤 의미인가? 정체성을 실현하려면 이 질문들에 대한 답을 구체적인 행동으로 전환해야 한다. 어떻게 할 수 있을까? 바로 목표가 그 역할을 한다. **목표는 정체성의 구체화된 결과여야 한다. 추상적인 정체성을 목표로 구체화하는 것이다.**

구체화하는 방법은 다음과 같다. 먼저 정체성을 각각의 의미 덩어리로 나눈다. 그런 다음 각 정체성 의미를 구체화할 수 있는 모든 방법을 나열한다.

정체성	구체화 방법
본질을 적중시키며	유튜브에서 높은 조회 수 달성, 베스트셀러 진입, 국내 최고 엘리트 양성 기관 설립 등
모든 사람들이 자립하도록 돕는	강의, 유튜브, 책 출판, 블로그 게시글 쓰기, 대학 설립, 교육 기관 설립 등
행동하는 철학자	사업 방식 정립, 성공 원리 분석 후 행동 등

각 의미 덩어리를 구체화하는 방법들을 나열했다면 이를 묶어 조합해보자. 그것이 나의 소중한 목표가 될 수 있다. 예를 들면 '블로그로 내 마인드셋 이론을 전달하기', '베스트셀러 작가가 되어 퍼포먼스 가치 전달하기', '유튜브 성공 원리를 파악해 높은 조회 수 달성하기' 등으로 표현할 수 있다. 이렇게 다양한 궁극의 목표 후보가 나올 수 있다.

궁극의 목표에는 자연스럽게 나의 가장 소중한 감정이 담기게 된다. 이것이 일반적인 목표 설정 방식과 다른 점이다. 눈을 감고 궁극의 목표 후보를 떠올렸을 때 정체성에 담겼던 소중한 감정이 똑같이 느껴져야 한다.

이 궁극의 목표는 당신이 바라는 지향점에 도달하게 해주는 수단이며 이상향으로 향하는 길이다. 하나씩 성공할 때마다 당신은 당신의 정체성에 다가갈 것이다. 그러면서 당신은 정체성을 구체적인 행동으로 실현하게 된다.

2. 다른 목표가 쉬워지는(혹은 필요 없어지는) 단 하나의 목표

《원씽》의 저자 게리 켈러는 목표를 설정하는 과정에서 초점 탐색 질문을 할 것을 제안했다. 이 질문법의 핵심은 다음과 같다.

'이 목표는 지금 당장 해야 하는 일인가?'

'이걸 함으로써 다른 행동을 대체할 수 있는가?'

궁극의 목표는 지금 당장 해야만 하는 목표다. 또한 궁극의 목표를 달성함으로써 다른 목표에도 함께 효과가 나타나야 한다. 궁극의 목표를 달성한다면 다른 목표를 굳이 달성하지 않아도 그 이상의 효과를 얻을 수 있다.

내게는 유튜브가 그랬다. 나는 교육 사업을 진행하기로 마음먹었다. 내가 설립한 '작심만일' 아카데미에서 강의하는 클래스를 사람들이 수강한다면 그들에게 비교할 수 없는 성장이 있을 것이라 확신했다. 그러나 그러려면 해야 할 일이 태산이었다.

일단은 나를 브랜딩해야 했다. 교육 콘텐츠를 알리기 위해 직접 강연을 다녀야 했고, 클래스 판매를 위해 직접 발품을 팔며 영업해야 했다. 많은 기관에 일일이 연락해서 영업하고 책 출간을 위해 출판사에 직접 투고도 해야 했다. 아마도 그 일들을 먼저 했다면 그 과정에서 수많은 거절을 당했을 것이다. 하지만 이 모든 것을 유튜브 성공으로 제안받을 수 있었다. 유튜브의 파급력은 다른 목표들보다 훨씬 더 강력했다. 단 하나의 목표를 달성함으로써 수많은 다른 목표가 무색해졌다.

당신의 목표 중 다른 목표가 필요 없어질 정도로 강력한 것은 무엇인가? 그게 어렵다면 비교적 다른 목표를 쉽게 만들어주는 일은 무엇인지 찾아보자. 힌트를 주자면 같은 카테고리에 나열한 목표들 중 가장 파급력이 강한 것을 찾아라. 현재 시기가 하나의 선택 기준이 될 수도 있다. 이런 원칙들을 통해 궁극의 목표를 설정해야 한다.

3. 어떤 의문도 들지 않는 분명한 목표

모호한 목표는 모호한 행동을 부른다. 목표는 지점이지, 범위가 아니다. 두루뭉술하거나 추상적이어선 안 된다. 마치 내비게이션의 목적지와 같다. 예를 들어 강남역에서 약속이 있다고 하자. 지도 앱을 켜서 무엇이라고 검색창에 입력할 것인가? 대부분이 '강남역 10번 출구'와 같이 구체적으로 검색할 것이다. 만약 여기서 강남을 검색하면 어떻게 될까? 역삼, 개포, 논현, 대치, 신사 등 강남 근방의 모든 곳이 검색될 것이다. 이런 방식으로는 원하는 장소에 도달할 수 없다. 비유가 우스운가? 안타깝게도 대부분 사람이 목표를 설정할 때 이런 실수를 너무나도 쉽게 저지른다.

이러한 실수는 목표 실패로 이어질 수밖에 없다. 그래서 목표는 의문점이 들면 안 된다. 목표가 의미 있는 이유는 정체성보다 더 구체적이기 때문이다. 목표가 모호하거나 명확하지 않다면 가치가 떨어진다. 뚜렷한 목표를 설정해야 행동이 구체화된다. 예를 들어 다음과 같은 목표를 설정했다면 의문점이 들 수밖에 없다.

'유튜브에서 성공하기.'

이 목표를 마주하면 다양한 궁금증이 유발된다. 첫 번째는 주제다. 유튜브 앱을 열어 탐색을 눌러보자. 웹 예능, 먹방, 브이로그, 여행,

운동, 시사 등 정말 다양한 채널이 있다. 어떤 주제로 유튜브에서 성공할 것인가?

두 번째는 성공의 기준이다. 유튜브에서 성공하는 기준은 무엇인가? 누군가는 유튜브에서 주는 실버 버튼을 갖고 싶을 수 있다. 그런 사람은 구독자 10만 명을 기준으로 삼으면 된다. 또 누군가는 조회 수 100만 회 이상의 인기 있는 콘텐츠를 원할 수 있다. 또는 수익을 극대화하기 위해 유튜브로 월 1,000만 원을 버는 게 성공의 기준일 수도 있다. 같은 분야일지라도 목표를 구체화는 방법에 따라 다른 행동을 해야 한다.

모호한 다짐만으로 도전하면 노력이 낭비된다. 예를 들어 유튜브로 성공하고 싶은 사람이 있다고 하자. 그의 생각에 유튜브를 잘하기 위해서는 편집 능력이 매우 중요한 것 같다. 그래서 프리미어 프로 편집 프로그램 강의를 결제한다. 그런데 이 강의는 프리미어 프로 사용법 전체를 다룬다.

사실 그는 동기부여 콘텐츠를 만들고 싶었다. 그러면 프리미어 프로의 아주 기초적인 내용만 알아도 된다. 기초 지식만으로도 충분히 콘텐츠를 만들 수 있다. 초보자라도 유튜브에 공개된 영상만 봐도 가능하다. 내용이 길지도 않다. 세 시간이면 충분하다. 그러나 방향성이 모호하면 프로그램 강의를 결제해서 듣는 등 시간과 돈을 들여 불필요한 내용까지 모두 듣게 된다. 다섯 배 이상의 시간을 더 투자하는 것이다. 이에 따라 해야 할 일도 기하급수적으로 늘어난다.

자신이 실현하고픈 정체성을 구체화한 목표, 다른 모든 목표가 쉬워지는(혹은 필요 없어지는) 단 하나의 목표, 모호하지 않으며 어떤 의문점도 들지 않는 분명한 목표, 이것이 우리가 성공할 수 있는 궁극의 목표다.

이제 궁극의 목표를 추려냈다. 나의 정체성에 가까워지는 하나의 목표다. 이 목표는 정체성과 가장 밀접하다. 그렇기에 굉장히 먼 미래에 달성할 수도 있다. 먼 미래에 있는 목표는 피부로 와닿지 않아 자신이 이룰 수 없다고 생각할 수 있다. 그래서 우리는 목표를 현실에 맞게 재조정하고 단계별로 나눠야 한다. 이것이 바로 궁극의 목표 세분화 단계다. 이제 내가 원하는 미래를 한층 가깝게 만들도록 목표를 세분화하는 방법을 알아보자.

쉽고 빠르게 이루고 싶다면
목표를 잘게 쪼개라

"계획이 세워져 있지 않고, 단순히 우발적으로 시간을 사용하게 된다면
곧 무질서가 삶을 지배할 것이다."
_빅토르 위고

궁극의 목표는 정체성에 가장 밀접한 목표다. 그렇기에 다른 목표보다 달성하기 어렵다. 따라서 실제로 달성할 수 있는 현실 가능한 목표로 나눠야 하는데 이를 '세분화 목표'라고 한다. 세분화 목표 역시 궁극의 목표를 설정하는 기본 원칙을 그대로 따라야 한다. 정체성이 투영된 수단이어야 하며 다른 목표들이 쉬워지거나 필요 없어지는 목표여야 한다. 또한 의문이 들지 않는 구체성을 띠고 있어야 한다. 이는 모든 목표의 기본 전제다.

세분화 목표는 목표를 단계별로 세분화하는 것과 레벨에 맞는 목표 지점 설정, 이 두 가지 과정으로 이뤄진다. 반드시 이 원칙을 지켜야 한다.

1. 궁극의 목표를 단계별로 세분화하기

궁극의 목표는 최종 단계를 의미한다. 다시 강조해 말하건대 이는 정체성을 현실화한 것으로 그 어떤 목표보다 정체성에 가깝다. 이를 달성하면 나의 이상향, 인생의 지향점에 도달하는 것이다. 하지만 최종 단계인 만큼 달성하기가 가장 어렵다. 이 최종 단계를 실현하려면 어떻게 해야 할까? 내 경우를 예로 들면 나는 궁극의 목표를 다음과 같이 설정했다.

'연간 국내 최다 기업 인재를 양성하는 교육 기관 설립.'

이 궁극의 목표를 단계별로 나눠보자. 이것이 세분화 목표다. 최종 단계로 나아가기 위해 필요한 목표들을 설정하는 것이다. 그러려면 다음과 같은 질문을 해야 한다. 이를 세분화 질문이라고 한다.

'이 궁극의 목표를 달성하기 위한 전제 단계는 무엇인가?'

이 질문을 꼬리에 꼬리를 물듯 계속 질문하면서 답한다. 그렇게 전제 단계를 세분화한다. 앞서 설정한 궁극의 목표에 따라 여러 단계가 나올 수 있다. 더 깊게 생각할수록 다양한 단계가 나오게 된다. 그러다 현실 가능한 목표 단계까지 내려오면 이를 '궁극의 목표 1단계'라고 이름 붙인다. 지금 나는 1단계 궁극의 목표를 달성해야 하는 것이다.

단계의 개수는 궁극의 목표에 따라 다르다. 의도적으로 개수를 정할 수도 있다. 누군가는 3단계로 현실 가능하게 정했을 수 있고, 또는 궁극의 목표가 너무나 원대해서 5단계, 7단계를 정했을 수도 있다.

다시 내 경우를 예로 들어보자. 내 궁극의 목표는 기업 인재를 양성하는 교육 기관 설립이다. 이는 아무것도 이루지 못한 사람에게는 한 번에 도달하기 어려운 목표다. 그렇다면 이 목표 달성을 위해 어떤 전제 단계가 필요할까?

우선 기업과의 협업이 긴밀히 이뤄져야 한다. 협업이 이뤄지려면 기업에서 내가 강의하는 '작심만일' 프로그램에 대한 신뢰도가 높아야 한다. 실제 기업 교육을 통해 퍼포먼스 클래스 효과를 입증해서 직원들의 실질적 성장을 끌어내는 교육 프로그램이라는 인식을 심어주어야 한다. 여기서 국내외 기업들의 교육 훈련 협약을 100건을 체결한다는 목표를 설정할 수 있다. 이것이 궁극의 목표 5단계다.

그렇다면 기업 인재 양성 협약 100건 체결은 어떻게 이룰 수 있을까? 어떤 전제 단계가 있어야 할까? 기업의 신뢰도를 높이는 방법은 간단하다. 실제 산업 현장에서 활발히 활약하는 사람들을 많이 배출하면 된다. 퍼포먼스 클래스를 통해 사업을 시작해서 월 1,000만 원을 달성한 인재를 100명 이상 양성한다. 그리고 이를 증명한다. 이것이 내 궁극의 목표 4단계다.

이 4단계 목표는 많은 수강생이 기반이 되어 함께 성장해야 한다. 즉 퍼포먼스 클래스 수강생을 압도적으로 늘려야 한다. 구체적으로 수강생 1만 명이라는 기준을 세운다. 이것이 궁극의 목표 3단계다. 3단계를 더욱 수월하게 하려면 어떻게 해야 할까?

나의 가치를 더욱 대중적으로 알릴 필요가 있다. 책 출간이 좋은 수단이다. 많은 사람에게 읽히는 책이어야 한다. 베스트셀러를 출간하는 것이다. 따라서 자기계발 5위 베스트셀러 책 출간을 목표로 도전한다. 이는 궁극의 목표 2단계가 된다.

베스트셀러 작가가 되려면 대중적인 브랜딩이 필요하며 가장 효율적이고 파급력이 있는 브랜딩 수단은 유튜브다. 동기부여 자기계발 유튜브 10만 구독자를 목표로 도전한다. 이것이 궁극의 목표 1단계다. 1단계까지 세분화 작업을 마치고 이를 표로 정리하면 다음과 같다.

1단계	동기부여 자기계발 유튜브 구독자 10만 명 달성	2021년
2단계	자기계발 5위 베스트셀러 작가	2022년
3단계	작심만일 퍼포먼스 클래스 수강생 1만 명 달성	2023년
4단계	월 1,000만 원 소득자 100명 양성	2024년
5단계	기업 인재 양성 MOU 협약 100건 체결	2025년
최종 단계	연간 국내 최다 기업 인재를 양성하는 교육 기관 설립	2026년

여기서 가장 쉬운 목표는 궁극의 목표 1단계다. 이는 오늘부터 당장 도전해야 할 목표다. 그런데 지금 이 1단계 목표가 너무나 거리가 멀게 느껴지는가? 그러면 다시 세분화 단계를 거쳐야 한다.

이는 하나의 예시일 뿐이다. 일단은 정체성을 기반으로 궁극의 목표를 정하고 지금 달성할 수 있는 목표로 세분화하자. 단숨에 최종 단계를 달성하려고 하지 말자. 각각의 목표는 지금 달성해야 하는 궁극의 목표다. 하나씩 정복해나가자.

2. 레벨에 맞는 목표 지점 설정하기

뛰어난 업적을 이룬 사람들은 대부분 '원대한 목표를 잡아라'라고 이야기한다. 하지만 그 말은 누구에게나 통하진 않는다. **성공이 익숙하지 않은 사람은 목표를 낮게 잡아야 한다.** 아니, 이게 무슨 소리일까? 지금까지 성공한 모든 사람이 목표는 높이 잡을수록 좋다고 했다. 그래야 그 근처에라도 도달할 수 있는 게 아닌가?

한번 생각해보자. 여기 달리기를 1킬로미터도 뛰어보지 않은 사람이 있다. 그런 그에게 '올림픽 마라톤 선수를 꿈꿔라!'라고 말한다면 어떨까? 달리기 초보자에게 지금 당장 42.195킬로미터를 뛰는 선수가 되라고 한다면? 아마도 그는 달리는 자신을 상상하자마자 숨이 턱 막힐 것이다. '내가 마라톤 선수가 된다고? 말도 안 돼'라고 생각할 것이다. 시작하기도 전에 심리적으로 위축되고 만다.

목표는 필연적으로 현실과의 괴리를 동반하며 이상과 현실의 괴리는 고통을 낳는다. 그렇다 보니 현실과 괴리가 큰 원대한 목표는 평범한 사람들은 견디지 못할 정도의 고통을 수반한다. 높은 목표일수록 견뎌야 할 고통도 큰 법이다. 이렇듯 이상과 현실의 괴리는 우리의 자신감과 의지를 늘 아래로 끌어내린다.

그렇다면 자신이 현재 어떤 상태인지, 얼마나 큰 목표를 세울 수 있고 얼마나 고통을 견딜 수 있는지 알 방법은 없을까? 아래 문항을 읽고 자신에게 해당하는 내용에 체크해보자. 조금 애매하다 싶은 경우는 진정한 자신의 모습이 아니므로 체크하지 말고 확신이 드는 내용만 체크한다.

1. 새로운 것을 두려워하지 않는다	
2. 문제를 해결하는 데 흥미가 있다	
3. 타인을 만족시키는 데 흥미가 있다	
4. 타인의 비난을 신경 쓰지 않는다	
5. 부정적인 생각을 나의 성장에 활용한다	
6. 나는 누구보다 힘든 것을 잘 견딜 수 있다	
7. 나는 나만의 방식을 정해서 그것을 지킨다	
8. 앞으로 어떤 인생을 살아갈 것인지 확실히 알고 있다	

모든 문항을 읽고 체크했는가? 만약 최소 일곱 개 이상 체크했다면 원대한 목표를 설정해도 좋다. 하지만 그렇지 않다면 쉬운 목표부터 시작해야 한다.

이 질문들은 성장 마인드셋이 장착되어 있는지를 가늠하는 것이다. 자신에게 해당하는 항목이 적을 수도 있다. 그렇다면 제 5, 6장에 나오는 마인드셋 부분을 여러 번 읽고 적용해보며 성장하는 데 우선 집중하자. 그 과정을 충분히 겪어야 원대한 목표를 설정할 수 있는 레벨이 될 것이다.

페이스북(현 메타Meta)의 창업주 마크 저커버그에게도 큰 위기가 있었다. 아이러니하게도 야후가 페이스북을 10억 달러에 인수하겠다는 제안을 할 때였다. 도대체 무슨 일이 있었을까? 당시 이미 1,000만 명이 페이스북을 사용하고 있었다. 하지만 특별한 수익은 나지 않았다. 그러던 중 야후에서 페이스북 인수 제안을 한 것이다. 이 제안에 페이스북 이사진은 모두 한자리에 모였다. 모든 이사가 회사를 매각하는 쪽으로 마음이 기울어져 있었다. 그러나 저커버그의 첫 마디는 다음과 같았다.

"우리는 회사를 팔지 않을 겁니다."

주변 사람들은 그를 맹비난했다. '도대체 그 CEO는 어떻게 10억 달러를 거절할 수 있지? 완전히 미친 거 아니야?' 많은 사람이 그를 스물두 살 철부지 꼬마로 취급했다.

저커버그에겐 야후의 제안을 거절하는 것이 어렵지 않았다. 그러나 인수 제안을 거절한 이후 상당수의 구성원이 회사를 나갔다. 심지어 이후 1년 동안 경영지원팀 전원이 퇴사했다. 저커버그의 이상과 가치에 공감하지 못했기 때문이다. 그는 이때가 가장 힘든 시기였다고 회상한다.

페이스북은 더 많은 서비스를 론칭했고, 자신을 더 잘 표현할 수 있도록 사진 기능도 추가했다. 더욱더 성장할 수 있는 기반을 만들었다. 제안을 거절한 지 몇 개월 만에 끊임없이 새로운 소식을 업데이트 해주는 뉴스피드를 구현했다. 그 덕분에 페이스북 커뮤니티는 더욱 팽창했다. 그 후 페이스북은 엄청난 성장을 이루며 전 세계인이 사용하는 소셜미디어로 성장했다. 저커버그는 끝까지 자신의 이상과 가치를 지켜나갔다. 높은 목표 의식, 바로 모든 사람을 연결하겠다는 의지가 있었기 때문이다. 페이스북은 그의 이상과 가치를 실현하는 궁극의 목표였다. 저커버그는 이를 통해 자신의 이상과 가치를 실현했다.

목표를 이룰 수 있다는 믿음을 갖기 위해 무엇보다 목표 달성의 사이클을 경험해보는 게 중요하다. 거듭되는 실패에 익숙해진 사람은 도전 자체를 두려워하게 된다. 이럴 때는 아주 가벼운 목표에 성공하는 경험이 필요하다. 직접 올바른 목표를 설정하고 자신이 설계한 프로세스를 통해 결과를 만들어내는 경험 말이다. 아무리 사소한 목표일지라도 이런 경험은 훗날 큰 자산이 된다.

사람들이 가장 궁금해하는 목표 설정 Q&A

여기까지가 목표를 설정하는 단계다. 이제 우리가 나아가야 할 방향이 정해졌다. 당신의 정체성이 설정되었고 이를 실현할 목표를 구체화했다. 도달할 거점을 확보한 것이다. 이제는 달려가는 일만 남았다. 다음은 목표 설정에 관해 사람들이 자주 물어보는 질문에 관한 답변이다.

Q. 궁극의 목표가 바뀔 수 있나요?

A. 물론이다. 궁극의 목표 후보는 여러 가지일 수 있다. 그중에서도 다른 목표를 대체할 수 있거나 목표를 쉽게 이루도록 도움을 주는 목표가 진짜 궁극의 목표다. 그리고 이 궁극의 목표는 시기와도 관련 있을 수 있다고 했다. 지금 시점에서 반드시 해야 하는 것인지 생각해본다. 1단계부터 최종단계까지 궁극의 목표를 세웠더라도 원칙에 맞는다면 언제든지 변경이 가능하다. 두 번째 원칙인 '다른 목표를 대체하거나 필요 없게 만드는' 목표를 발견할 수 있다. 자신의 정체성과 더 가까운 목표를 발견했을 수도 있다. 또한 더 높은 효율성을 위해 변경할 수도 있다. 무엇이든 목표 설정의 원리에 맞는다면 목표를 변경할 수 있다.

Q. 궁극의 목표가 여러 가지일 수 있나요?

A. 궁극의 목표는 최종 단계이므로 단 하나다. 다만 이를 달성하기 위한 세부적 목표가 있을 수 있으며 이를 세분화 목표라고 부른다. 세분화 목표는 궁극의 목표에서 파생된 것이므로 결국 궁극의 목표와 다름없다고 할 수 있다. 그러나 최종 단계를 달성하기 위한 전제 단계가 아니라면 궁극의 목표가 아닌 일반적인 목표가 된다.

Q. 궁극의 목표를 설정하면 다른 목표는 도전하면 안 되나요?

A. 아니다. 관련 분야가 아니라면 해도 된다. 업무와 관련된 궁극의 목표를 설정했는가? 그러면 다른 영역의 목표를 가져도 좋다. 다만 우선순위는 명확해야 한다. 그 어떤 것보다 궁극의 목표가 가장 우선이어야 한다. 이유는 명확하다. 나의 정체성에 가장 빠르게 도달하게 해주는 목표이기 때문이다.

내가 그리는 미래가 가장 올바른 길로 가는 게 중요하다. 다른 목표들은 빙 둘러서 가는 것이므로 때론 포기해야 한다. 가령 업무 목표와 운동 목표가 충돌한다면 운동을 포기해야 한다. 우선순위 선택은 제6장에 나오는 추진력에 관한 부분을 살펴보면 좋다. 자신만의 우선순위를 만들어 행동력을 극대화하는 방법이다.

Q. 궁극의 목표 단계에 확신이 서지 않아요.

A. 단계별 목표는 최종 단계 목표를 기반으로 대략적으로 예상하

는 것이다. 나는 '연간 국내 최다 기업 인재를 양성하는 교육 기관 설립'이라는 최종 단계를 달성하기 위한 첫 번째 단계가 '유튜브'라고 예상했다. 물론 더 좋은 방식이 있었을 수도 있다. 하지만 궁극의 목표 설정 원칙에 맞는 것이면 무엇이든 가능하다. 정체성의 구체화된 결과이며, 다른 목표들을 쉽게 또는 필요 없게 만들면서, 의문의 여지가 없는 명확성만 있다면 무엇이든 가능하다. 유튜브는 내가 직접 강의를 홍보하거나 책 출간 계약을 위해 투고하는 수고를 덜어주었다.

올바름에 대한 믿음이 확신으로 이어지는 것이다. 모든 데이터를 계산해 결론을 내린 게 아니다. 다른 것들에 비해 무엇이 옳은지 비교하며 추려야 한다.

Q. 목표 달성 기한이 다가왔는데 이루기 어려울 것 같아요.

A. 마감 기한은 우리에게 경각심을 준다. 정해진 시간까지 하지 않으면 안된다는 목표 의식을 나를 더욱더 성장시키는 수단으로 활용해야 한다. 때로 그 시기를 맞추기 위해 다른 것을 포기할 수도 있다. 스트레스가 극심해질 수 있다. 인간관계도 모두 정리하고 취미 생활도 잠시 접어두어야 한다. 실패할 것 같은 심리적 압박감이 커지면 마인드셋을 다시 점검해야 한다. 어떤 이유든 포기하게 되는 결과는 피해야 한다. 만약 물리적으로 불가능한 시기가 다가온다면 마음의 여유를 갖자. '지금 당장은 불가능하지만 한 달 더 시도해보자. 그러면 충

분히 가능할 것이다!' 이렇게 나아가야 한다. 압축적인 성장이 불가능하다고 해서 포기해선 안된다.

작심만일 실천법

1. 당신이 가장 이루고 싶은 궁극의 목표는 무엇인가요?

2. 그 목표는 당신의 정체성과 어떤 연관이 있는지 구체적으로 적어보세요.

3. 그 목표가 다른 목표보다 중요한 이유는 무엇인가요?

4. 그 목표는 어떻게 다른 목표가 쉬워지게, 필요 없게 만드나요?

5. 궁극의 목표를 구체적인 수치와 기간으로 나타내보세요.

6. 궁극의 목표를 세분화해보세요.

7. 자신의 마인드셋 레벨에 따라 궁극의 목표 1단계를 설정해보세요.

제4장

작심만일을 현실로
만드는 계획이 필요하다

: 목표 달성 프로세스

성공의 지도,
목표 달성 프로세스 7단계

"완벽함이란 더 이상 보탤 것이 남아 있지 않을 때가 아니라
더 이상 뺄 것이 없을 때 완성된다."
_앙투안 드 생텍쥐페리

목표는 결국 이루고자 하는 것의 본질을 찾는 싸움이다. 2012년 나는 컴퓨터 개발자로 첫 커리어를 시작했다. 사실은 어렸을 적부터 기업가가 되겠다는 꿈을 품고 있었다. 막연했지만 확고한 꿈이었다. 내 생각에 그러기 위해서는 IT 기술력을 갖고 있어야 했고 이를 기반으로 커리어를 만들어가야 했다. 당시는 스티브 잡스 같은 융합 인재가 유행하던 시기였다. 나 또한 잡스와 같은 위대한 기업가가 되고 싶었다.

시기가 절묘했다. 지인의 회사에서 인력이 필요하다고 연락이 왔

다. IT 기반 스타트업이었던 회사는 인턴 개발자를 필요로 했다. 이때다 싶었고 아직 부족하지만 도전해보고자 했다. 어릴 적부터 꿈꾸던 기업가가 되기 위한 첫걸음이라는 마음으로 시작했다.

하지만 설레는 마음도 잠시였다. 현실은 냉혹했다. 그곳에서 내가 할 수 있는 일은 없었다. 두 달간 프로젝트를 진행했지만 별다른 결과를 만들어내지 못했다. 나름의 성과는 있었지만 내부 직원들에게 미친 영향은 미미했다. 결국 더 이상 일하지 못하고 쫓겨나게 되었다. 회사 대표의 지인을 정리해고할 만큼 당시 나는 정말 쓸모없는 인원이었던 것이다.

답이 틀렸다면 방향성을 점검하라

스타트업에서 개발자로 살아남으려면 어떤 능력이 필요할까? 대학에서 나는 컴퓨터공학과 2학년을 마쳤다. 성적도 좋은 편이어서 거의 모든 과목이 A+였다. 그러나 학교에서 배운 내용 중 실제 회사에서 활용할 수 있는 건 하나도 없었다. 그래서 회사 업무들을 따라갈 수 없었다. 게다가 회사 특성상 직원들이 누군가를 도와줄 수 있는 환경이 아니었다. 모든 사람이 각자의 프로젝트를 하느라 정신없었기 때문이다.

충격이 컸다. 불성실하게 일한 것도 아니었다. 나는 그때 정말로 내가 할 수 있는 모든 노력을 다했다. 지금까지 모든 경험을 통틀어

가장 집중했던 시간이었다. 그럼에도 불구하고 아무런 성과가 없었다. 하지만 여기서 물러설 순 없었다. 이곳보다 내 능력을 더 키울 수 있는 환경은 없었다. 자존심이 상했지만 꾹 참았다. 그리고 다시 그 회사에 문을 열고 들어갔다.

"어떤 업무든 던져주세요. 어떻게든 해내겠습니다."

그렇게 회사에 다시 들어가서 악착같이 버텼다. 나는 너무나 간절했다. 잘하고 싶다는 열망은 전과 똑같았다. 그러나 이번에는 방식이 완전히 달라야 했다. 학교에서 거의 전 과목 A+를 받았던 내가 왜 회사에서는 아무것도 해내지 못할까? 스스로 질문하기 시작했다. 그리고 마침내 그 질문에 대한 답을 찾았다.

대학에서 가르치는 교육과 실제 산업 현장 업무에는 괴리가 있었다. 대학은 컴퓨터에 대한 전반적인 이해를 도와준다. C언어, JAVA, C++, 자료 구조, 알고리즘, 시스템 엔지니어링 등을 다룬다. 컴퓨터 공부는 이 과목들을 살펴보는 것을 의미했다. 하지만 산업 현장은 달랐다. 내가 어떤 언어를 할 수 있는지가 중요한 게 아니었다. 지금 당장 프로젝트에 필요한 기능 구현을 할 수 있는 기술을 가진 사람이 필요했다. 스타트업에서 개발자에게 요구하는 것은 기능 구현이다. 지금 당장 론칭하는 서비스를 구현할 수 있어야 한다. 자료 구조, 알고리즘에 대한 이해가 부족해도 좋다. 이 개념이 필요한 시점에 학습해도 늦지 않다. 그전에 기능적인 구현이 더 중요하다.

더 쉽게 영어에 비유해보자. 예를 들어 영어로 말해야 하는 일이 있다고 하자. 영어를 잘하려면 당연히 영어로 말하는 훈련을 해야 한다. 그런데 계속 영문법 책만 파고 있으면 아무리 책을 달달 외운다고 해도 영어로 잘 말할 수 없다.

이 잘못된 방법이 비효율적인 결과를 낳았다. 나는 스타트업에서 개발자로 생존하기 위해 대학에서 학습한 것을 반복해야겠다고 생각했다. 하지만 여러 번을 반복해도 큰 변화는 없었다. 그래서 다시 회사에 들어갔을 땐 처음부터 질문을 달리했다. 이 회사에서 생존하기 위해 지금 당장 무엇을 해야 할까? 지금 내가 이 회사에서 생존하려면 '기능 구현'을 할 수 있어야 한다. 컴퓨터 전반에 대한 이해도가 낮아도 된다. 우선 기능 구현부터 해내는 게 본질이었다.

즉 나아갈 방향을 어떻게 설정하느냐에 따라 모든 결과가 달라진다. 같은 컴퓨터 분야여도 완전히 다른 접근을 하게 되는 것이다. 무엇보다 올바른 질문을 해야 한다. 그리고 본질을 찾아내야 한다.

올바른 질문이 빠르고 확실한 길을 만든다

잘못된 관점은 100의 노력을 10의 결과로 이끈다. 반면에 올바른 접근은 100의 노력만큼 고스란히 100의 결과로 이끈다. 이 관점의 차이만으로 나는 엄청난 성장을 이뤄냈다. 이미 열정은 충만했고 올바른 방식으로 접근하니 당연한 결과였다. 능력 부족으로 쫓겨난 나는 6개월 만에 안드로이드 메인 개발자가 되었다. 이제 안드로이드의 모든 기능을 구현할 수 있었고 회사에 없어서는 안 되는 존재가 되었다.

이처럼 모든 일에는 '본질'이 숨어 있다. 그 본질을 찾아내고 문제를 해결할 수 있도록 적용하는 사람이 승리한다. 따라서 본질을 찾아내는 능력이 필수적이다. 여기서 말하는 본질은 목표에 도달하기 위한 필수 요소다. 단 한 가지라도 빠지면 목표에 도달할 수 없다.

많은 사람이 착각하는 사실이 있다. **우리는 한 분야에서 성공하기 위해 관련된 모든 것을 신경 써야 한다고 생각하지만 그렇지 않다. 우선순위가 명확해야 되며 큰 효과를 내는 요소에 더 집중해야 한다.** 간략하게 정의된 본질에만 집중해도 빠르게 성장할 수 있다.

경험치가 쌓일수록 본질은 더 쉽게 찾아낼 수 있다. 유튜브로 성공한 사람은 인스타그램도 잘할 가능성이 크다. 소셜 미디어가 어떻게 성장하는지 메커니즘을 알기 때문이다. 즉 본질을 파악하고 그 구조를 안다는 의미다. 이렇게 하나의 성취는 또 다른 성취를 이끈다. 무엇보다 한 분야에서 나름의 성과를 만드는 게 중요하다.

문제 해결 능력은 퍼포먼스에 엄청난 영향을 미친다. 낮은 문제 해결 능력은 지속적인 실패를 부를 뿐이다. 노력해도 안 된다는 생각이 들고 나처럼 아무리 노력해도 정리해고를 당하기도 한다. 이런 상황을 겪다 보면 자연스레 열정이 사그라든다. 꾸준히 할 이유가 없어진다. '어차피 가지 못할 곳 아니던가?' 현실에 순응하기 시작한다.

문제 해결 능력은 어떻게 높일 수 있을까? 작심만일을 이루는 목표 달성 프로세스가 그 답이다. 나는 이것을 7단계로 분류했다. 우선 본질을 찾고 이를 토대로 나의 능력을 높여가는 과정이다. 이 프로세스 7단계를 숙지하자. 당신이 어떤 분야에 있든 성공의 길을 걸을 것이다. 그리고 7단계를 무한 반복하며 경험 데이터를 축적하자. 그러면 다른 목표에 도전할 때도 본질을 찾는 어려움을 겪지 않을 것이다. 단순히 개인적인 생각이 아닌 성공의 원리로 행동해야 한다는 점을 명심하자.

이제 본격적으로 성공의 열차에 탑승할 시간이다. 앞서 우리는 궁극의 목표를 설정했다. 자신의 정체성에 가장 가까운 단 하나의 목표다. 이제 이 목표를 향해 달려가야 한다. 그 과정을 '목표 달성 프로세스 7단계'라고 부르겠다. 이 프로세스는 특정 목표에 국한되지 않는다. 개인별 목표, 기업 프로젝트 등 다양한 분야에 적용할 수 있다.

이 프로세스의 바탕이 되는 핵심 사고법은 물리학 '제1 원리'First Principle 사고법과 '역공학' 사고법이다. 이는 문제의 본질에 접근하는 방법으로 먼저 목표 달성의 근원을 탐색하는 방법이다. 그런 다음 성공 사례를 본질로 분해해 자신에게 적용할 것이다. 이것이 7단계의 핵심이다.

현존하는 최고의 부자 일론 머스크가 자신의 성공 원리로 내세운 물리학 제1 원리 사고법은 1~3단계에 적용된다. 핵심 가치가 무엇인

작심만일 목표 달성 프로세스 7단계

물리학 제1 원리 사고법
(나의 핵심 가치 파악하기)

1. 탐색 Search
2. 단순화 Simplification
3. 분석 Analysis

역공학 사고법
(핵심 가치를 통해 행동하기)

4. 벤치마킹 Benchmarking
5. 분해 Disassembling
6. 적용 Application
7. 피드백 Feedback

지 파악하는 단계로 여기서는 목표를 이루기 위한 '나만의 성공 이론'을 만들 것이다. 3단계까지 거치면 목표 달성의 핵심 가치를 도출할 수 있다. 역공학 사고법은 4~6단계에 적용된다. 이 사고법은 세계적인 예술가 파블로 피카소가 보여준 방식으로, 핵심 가치를 기반으로 성공의 원리를 파악하고 행동하는 단계다. 벤치마킹 대상을 핵심 가치로 분해해 내 것으로 만드는 과정이다. 그렇게 일정 기간 적용한다. 마지막 7단계는 1~6단계를 거쳐온 한 달간의 과정을 진단하며 다음 한 달의 방향을 재설정하는 단계다. 이 과정으로 프로세스가 일단락된다. 그 후에는 목표 달성까지 이 프로세스를 무한 반복한다.

앞으로 소개할 내용은 목표 달성의 길을 만드는 작업이다. 그러나 실전 사례가 없는 이론은 무의미하다. 이론을 위한 이론에 빠질 수 있기 때문이다. 그래서 목표 달성 프로세스의 구체적인 성공 사례는 '작심만일로 목표보다 빠르게 이뤄낸 유튜브 성공의 비밀'(179~191쪽 참고)에 담았다. 이번 장은 반드시 성공 사례와 병행해서 자신의 삶에 직접 적용해보자. 지금부터 목표 달성에 필요한 궁극의 무기를 공개한다.

일론 머스크처럼 목표의 본질을 찾아라
: 물리학 제1 원리 사고법

"일단 문제를 분해한 뒤 근본적인 요인을 공략해야 한다.
더 나은 해결책이 반드시 그곳에 있기 때문이다."

_일론 머스크

이 시대 세계 최고의 부자는 누구인가? 테슬라와 스페이스X의 CEO
인 일론 머스크다. 그의 자산 가치는 2022년 기준으로 354조 원이다.
남아프리카공화국의 GDP를 넘어서는 수준이다. 그의 개인 자산은
인류 역사상 최초로 3,000억 달러를 돌파했다. 현실판 아이언맨이다.
실제로도 영화 〈아이언맨〉은 그를 모델로 참고했다. 그의 사업 분야
는 남다르다. 인공지능, 전기차, 항공우주, 초고속 열차, 인터넷 위성
등 미래 산업에 주력해서 미래 인류의 구원자로 불릴 정도다. 도대체

그는 우리와 무엇이 다른 걸까?

펜실베이니아대학교에서 물리학을 전공한 그는 다른 무엇보다도 물리학적 사고법을 강조했다. 그중에서도 특히 제1 원리 사고법을 강조했는데, 한 인터뷰에서 그는 성공 비결이 무엇이냐고 묻는 질문에 이렇게 말했다.

> "저는 어떤 일을 할 때 제1 원리에서부터 시작합니다. 흔히 사람들이 알고 있는 것을 따르기보다는 확고하게 내 안에 제1 원리를 따르는 것이 중요합니다. 물리학은 통념이나 경험에 따른 유추가 아니라 제1 원리로 돌아가라고 가르칩니다. 일단 문제를 세부적으로 분해한 뒤 근본적인 요인을 공략해야 합니다. 더 나은 해결책은 반드시 그곳에 있기 때문입니다."

제1 원리 사고법은 가장 근본적인 문제에 접근하는 방식이다. 다른 사람이 해왔던 결과를 그대로 따라 하는 것이 아니라 문제의 본질 자체에 접근해서 해결하는 과정이다. 경험에서 유추한 귀납적 추론이 아니다. 근본 원리를 파악하는 연역적 문제 해결이다.

여기서 타인의 의견에 의존하면 안 된다. 오히려 또 다른 난관에 봉착하는 길이다. 기존의 사고방식은 비효율적일 가능성이 크기 때문이다. 때로 문제의 본질은 사람들이 보기에 해결 불가능할 때도 있다. 따라서 스스로 탐구할 수 있어야 한다. 일론 머스크는 테슬라, 스페이스X의 사례를 들어 제1 원리 사고법을 설명했다.

"제가 전기차 사업을 하려고 할 때 주변에서는 배터리 가격이 높아서 성공하기 힘들다고 했습니다. 배터리가 비싸다는 것에서 출발하는 거죠. 사람들은 배터리팩이 1킬로와트시kwh당 600달러니까 여기에 맞춰 예산을 짜야 한다고 생각합니다. 배터리팩을 바꿀 생각을 전혀 하지 않죠. 모든 회사가 그렇게 하니까 따르는 것입니다. 하지만 문제의 근본으로 들어가 보죠. 배터리는 무엇으로 만들어지나요? 코발트, 니켈, 알루미늄, 카본, 일부 중합체 등이 있습니다. 만약 이 금속들을 런던 금속거래소에서 산다면 어떨까요? 1킬로와트시당 80달러입니다. 저는 지금보다 훨씬 저렴한 배터리가 가능하다는 사실을 깨달았고 그렇게 테슬라를 시작했습니다."

"지금까지 모든 로켓은 비쌌습니다. 그러므로 미래에도 비쌀 것이라는 말은 틀린 말입니다. 로켓은 무엇으로 만들어지나요? 알루미늄, 티타늄, 구리, 탄소 섬유입니다. 이것들을 다 분해해서 원자재 단가가 얼마인지 보세요. 놀랄 만큼 적습니다. 로켓 가격의 2퍼센트밖에 안 됩니다. 그래서 스페이스 X 사업을 시작한 겁니다."

어떤 조직이든 이러한 고착화 현상이 있다. 지금까지 관행적으로 해오던 방식이 있기에 더 효율적인 방식이 있어도 바꾸려 하지 않는다. '지금까지 대부분 이렇게 해왔으니 이 방법이 맞다'는 것이다. 문제의 근본을 해결하고자 하면 동료들에게 핀잔만 들을 뿐이다.

"원래 그렇게 해왔어."

"일 크게 벌이지 마."

이는 새로운 방식을 거부하는 태도다. 더 나아질 가능성을 틀어막는다. 그렇게 대부분 조직은 스스로 성장의 한계점을 긋는다. 사고의 한계에서 벗어나지 못하는 것이다. 하지만 일론 머스크는 물리학 제1원리 사고법으로 비즈니스를 했다. 경험에 따른 유추가 아닌 본질에 접근한 것이다. 이것이 그가 탁월한 성과를 낼 수 있었던 원리다.

작심만일을 이루기 위한 목표 달성 프로세스 7단계 중 1~3단계는 제1 원리 사고법의 원리로 구성되었다. 1단계는 '탐색'으로 먼저 본질을 찾아 나선다. 2단계는 '단순화'로 오직 목표 달성에 필요한 정보만 남겨두고 정리한다. 3단계는 '분석'으로 목표 달성의 핵심 가치를 도출한다. 이처럼 목표의 본질을 가려내는 사고법이다. 이제 1단계부터 시작해보자.

목표 달성 프로세스 1단계: 탐색

1단계는 목표에 도달하기 위한 경로를 탐색하는 것이다. 어느 날 친구들과 약속을 잡았는데 친구들이 사는 지역의 중간 지점을 약속 장소로 정했다고 하자. 그런데 이곳의 정확한 위치가 어딘지 감이 안 온다. 어떤 대중교통을 타야 하는지도 모르겠다. 이때 가장 먼저 무엇을 해야 할까? 바로 스마트폰에서 지도 앱을 켜는 것이다. 지도에서 목적지를 선택하고 최적의 경로를 탐색하면 된다. 이처럼 탐색은 목표에 도달하기 위한 경로를 찾는 것이다. 이것이 나만의 내비게이션을 만드는 과정이다.

예를 들어 멋진 몸을 만들고 싶다고 하자. 그래서 운동하겠다는 목표를 정했지만 안타깝게도 이 분야에 대해서는 아는 게 없다. 한 번도 운동을 제대로 해본 적이 없기 때문이다. 그러면 어떻게 해야 할까? 우선 이 분야에 대한 기본 지식이 필요하다. 목표에 도달하기 위해 어떤 길이 있는지 파악해야 한다. 이렇게 목표를 달성하는 최적의 길을 찾는 것은 문제의 본질을 파악하는 과정이다.

지금까지 사람들은 그 목표를 달성하기 위해 어떤 길을 만들어갔는가? 어떤 지식과 정보를 갖고 있는가? 다른 사람들은 어떻게 접근하고 있을까? 나보다 앞서간 사람들의 지혜를 흡수해보자. 이처럼 탐색 과정을 통해 목표로 나아가는 경로를 찾아야 한다. 탐색은 다양한 방법으로 할 수 있는데 대표적인 탐색 수단은 다음과 같다.

1. 유튜브

오늘날은 정보의 격차가 현저하게 줄어들었는데 유튜브가 그 역할을 톡톡히 하고 있다. 지금 당장 운동하는 방법을 유튜브에 검색해보

자. 특별한 키워드도 필요 없다. 단순히 '운동 방법'을 검색창에 입력하면 화면에 놀라운 일이 벌어진다. 국가대표 출신 보디빌더가 등장해 오랜 세월 갈고닦은 운동 루틴을 소개한다. 직장인으로 몸짱이 된 크리에이터도 등장한다. 운동을 영양학적으로 심층 분석하는 유튜버도 있다. 모든 사람이 직접 피땀 흘려 익힌 노하우를 전달한다. 그들에게 실제로 효과가 있었던 살아 있는 지식이다. 심지어 그 지식을 배우는 비용은 무료다.

　이런 생태계가 가능한 이유는 무엇일까? 우선 높은 조회 수는 유튜브 크리에이터에게 수익을 가져다준다. 유튜버들은 수익을 얻기 위해서 영상을 올리고, 자신을 홍보하는 수단으로도 활용한다. 그렇게 콘텐츠 소비자는 수혜를 얻는다. 우리는 생산자의 지혜를 얻고 만족한다. 목표에 도달하는 방식을 습득했기 때문이다. 콘텐츠에 공감한 사람은 예비 서비스 구매자가 되고, 실제로 서비스가 필요한 사람들은 생산자의 서비스를 구매한다. 이런 순환 구조가 지금의 생태계를 지탱하고 있다.

　예전에는 직접 발품을 팔아 정보를 얻었다. 비용은 비쌌고 학원이나 교육 기관까지 먼 거리를 이동해 강의를 들어야 할 때도 있었다. 아니면 그 분야에서 유명한 사람들을 찾아가거나 값비싼 오프라인 세미나에 참여해야 했다. 이는 한정적인 기회다. 이 비효율을 유튜브가 깔끔하게 해결했다. 유튜브를 통해 우리는 양질의 콘텐츠를 쉽게 접할 수 있게 되었고 이로써 지식의 상향 평준화가 이뤄지고 있다.

지금은 유튜브로 세계 최고의 석학들도 안방에서 만날 수 있다. 그들의 강의를 무료로 볼 수 있으며 고급 정보가 넘쳐난다. 오히려 그것을 소화할 수 있는 우리의 시간이 부족할 뿐이다.

탐색 단계에서는 양질의 무료 콘텐츠를 적극적으로 활용하자. 유튜브처럼 짧은 시간 내에 핵심만을 전달해주는 매체도 없다. 게다가 이처럼 편리하고 수준 높은 콘텐츠 역시 찾기 힘들다. 모든 분야의 전문가들이 유튜브 시장에 뛰어들고 있다. 크리에이터에게 제공되는 부가가치가 크기 때문이다. 유튜브 검색만 잘해도 기본적인 정보는 충분히 얻을 수 있다.

2. 구글링

앞서 예로 든 사례에서 내가 개발자로서 빠르게 성장했던 비결 중 하나가 바로 검색 능력이었다. 보통은 '구글링한다'Googling고 한다. 구글에 검색하는 행위를 뜻한다. 원하는 정보를 검색해 그 결과를 적용하는 것은 그 자체로 능력이다. 내가 원하는 정보를 빠르게 활용하는 능력이다.

구글링은 최근까지 가장 간편한 정보 습득 수단이었다. 이전부터 정보 공유는 글을 통해 이뤄져 왔다. 블로그, 홈페이지 등 다양한 곳에서 정보가 생산되었고 그곳에는 수많은 사람의 생각, 노하우, 경험이 녹아 있었다.

유튜브는 영상을 만들어 올려야 하는 번거로움이 있다. 생산자의 시간과 노력이 필요한 일이다. 반면 글은 훨씬 쉽고 빠르다. 홈페이지나 블로그를 개설해 글로 정보를 공유하는 건 콘텐츠 생산자 입장에서 유튜브보다 간편하다. 영상은 내가 원하는 정보를 빠르게 포착하기 어렵다. 영상 매체의 특성상 끝까지 보게 되어 있어 정보를 습득하는 데 시간이 꽤 걸리는 편이다. 반면에 문서는 스크롤을 내리며 빠르게 확인할 수 있다는 장점이 있다. 정확하게 원하는 정보만 찾아 활용하는 것은 문서가 훨씬 용이하다. 따라서 구글링을 적극적으로 활용해야 한다. 눈은 영상 속도보다 빠르다.

구글링의 단점은 정제된 정보를 찾기 어렵다는 점이다. 검증되지 않은 사람들의 정보가 많으며 일기 형식의 글, 전개가 자연스럽지 않은 글, 심지어 낚시성 글도 많다. 유튜브 매체의 보완재로 웹 검색을 활용하기를 추천한다.

3. 책

성공한 사람들 가운데 독서의 중요성을 강조하지 않는 사람이 없다. 책은 깊고 폭넓은 지식을 한 번에 얻을 수 있다. 검증된 사람들의 정제된 정보를 제공한다. 깊이 생각하고 곱씹을 필요가 있는 주제를 다루거나 어떤 분야에 대한 전반적인 이해가 필요하다면 책을 읽는 것이 좋다.

다만 분명히 하자. 여기서 책은 수단이다. 목표 달성을 위해 도움을 받는 용도인 것이다. 책을 읽는 것이 목표가 아니라 목표를 달성하기 위해 책을 활용하는 것이다. 목표 달성 프로세스에서 책은 문제 해결을 위한 수단으로만 활용해야 한다. 그 이상은 오히려 많은 시간을 잡아먹을 뿐이다. 10~20권을 읽는 게 중요하지 않다. 단 한 권을 읽더라도 문제를 해결하는 데 집중해야 한다.

유튜브, 구글링으로도 부족할 때 책을 활용해보자. 유튜브나 구글링으로는 철학, 사회과학과 관련된 내용을 깊이 파악하기 어렵다. 관련된 책을 꼼꼼하게 읽고 사유해야 한다. 이처럼 각 수단의 장단점을 명확하게 파악해야 내게 맞는 수단을 적절히 활용할 수 있다. 책만 고집한다면 빠르게 핵심을 파악하지 못할 수 있다. 반면 유튜브나 구글링에만 의존하면 지식과 정보의 깊이를 잃을 수도 있다. 성장하려면 수단에 대한 선입견부터 없애야 한다.

4. 커뮤니티

나와 비슷한 목표나 과제를 가진 사람들이 모여 있는 커뮤니티에 참여하는 것도 좋다. 커뮤니티는 같은 정보를 찾거나 나누고자 하는 사람들을 만날 기회다. 나와 비슷한 고민을 하고 있는 사람도 있고 나보다 일찍 그 문제를 해결한 사람도 있을 것이다. 특정 멘토가 있지 않는 한 해당 분야의 전문 지식은 얻기 어려울 수 있다. 다만 직접 사람들과 대화하며 정확히 원하는 것에 맞춰 정보를 구하는 만큼 다른 곳에서 얻을 수 없는 꿀팁을 얻을 수 있다. 목표 달성을 위한 행동을 지속하는 데도 도움이 될 것이다. 다만 자신만의 속도로 나아갈 수 없다는 단점도 있다. 만일 내가 부족하다면 얻을 게 많겠지만 혼자 하는 게 더 빠르고 정확하다면 오히려 시간이 지체될 수도 있다.

5. 강의

강의는 전문가의 노하우를 체계적으로 배울 기회다. 유튜브에서는 어떤 분야에 대한 아주 기본적인 지식을 얻을 수 있지만 강의는 흔히 얻을 수 없는 실전 지식을 배울 수 있다.

오프라인 클래스는 우리가 가장 쉽게 선택하는 방법이다. 최근에는 온라인 클래스도 범위가 점점 확장되고 있다. 유튜브의 성장이 지식 정보의 온라인 유통을 가속화해 재테크, 자기계발, 마인드셋, 무자본 창업, 직무 등 다양한 클래스가 생겨났다. 언제 어디서든 분야별 전문가의 노하우를 얻을 수 있게 됐다.

이전에는 분야별 권위자의 오프라인 강의를 찾아갔다. 여기에는 상당한 비용과 시간이 들기도 해서 쉽사리 참여하기가 어려웠다. 심지어 클래스 한 회에 수십만 원이 들기도 했다. 그렇기에 특정 사람만 수강할 수 있었고 썩 대중적이지 않았다.

반면 온라인 클래스는 비교적 저렴하다. 제작자는 단 한 번의 촬영만 끝내면 된다. 한 번 촬영하게 되면 더 이상의 리소스가 들지 않기 때문이다. 그래서 강사에게도 온라인 클래스가 훨씬 수월하다. 또한 온라인 클래스의 등장으로 자연스럽게 강의 가격이 내려가 고급 정보가 대중에게 쉽게 전달되게 되었다. 이젠 내 방 안에서 내가 원하는 분야의 최고 전문가를 만날 수 있다.

다만 강제성이 부족하다는 단점이 있다. 당장 강의를 다 듣지 않는다고 해도 문제가 되지 않는다. 그래서 바쁜 일이 생기거나 본업에 집중해야 할 때는 강의 수강이 차순위로 밀리고 끝까지 듣지 못하는 경우가 생긴다.

6. 컨설팅

컨설팅은 목표 달성에 직접적으로 도움을 줄 수 있는 서비스다. 운동으로 치면 PT를 직접 받는 것이고, 취업이라면 취업 컨설팅 업체의 도움을 받는 것이다. 이는 직접적인 서비스를 받아 시간을 단축할 수 있다는 장점이 있다. 시간이 곧 돈인 사람들이 자주 활용하는 방법이다. 당면한 문제에 맞춤형 도움을 받을 수 있으며 양방향 의사소통이라 문제 해결이 빠르고 현재의 문제점을 바로잡기도 쉽다.

하지만 가격이 높다는 점이 단점이다. 한 번의 컨설팅에 고액의 비용이 든다. 특히 분야별 권위자일수록 그렇다. 또한 비전문가의 전문가 행세도 문제다. 실제 고객의 성장을 이끌지 못하는 비전문가를 만날 수도 있다. 다른 한편으로는 스스로 문제를 해결하는 능력을 키울 수 없다는 단점도 있다. 타인으로부터 도움을 받으면 일시적으로 문제를 해결할 수는 있다. 그러나 앞으로 수많은 도전을 맞닥뜨릴 때마다 컨설팅을 받을 순 없다. 결국 직접 부딪치고 시행착오를 겪어야 한다. 그 시행착오는 실패가 아니라 자신의 한계점을 뚫는 과정이다. 스스로 문제를 해결하는 과정 자체가 능력이 된다.

어떤 매체든 내 성장을 이끌어주는 가장 효율적인 수단이면 된다. 그렇기에 내가 설정한 목표에 따라 매체가 달라질 수도 있다. 매체별 장단점을 파악해 적재적소에 활용하자. 한 가지만 고집하면 성장이 지체된다. 모두 효과적으로 사용할 수 있어야 한다.

탐색에 너무 많은 시간을 들이면 안 된다. 탐색에 치우쳐 그다음 과정을 진행하지 못하는 경우도 많다. 불안해서 계속 탐색만 하는 사람도 더러 있는데 이는 신중하다기보다는 자신의 목표에 확신이 없기 때문이다. 또한 탐색한 내용은 반드시 기록하자. 특히 영상 매체에서 얻은 지식은 글로 적지 않으면 쉽게 휘발된다. 영상을 보는 동안은 내용에 대해 사고할 시간이 충분히 주어지지 않기 때문이다. 그래서 글로 적고 반드시 다시 봐야 한다.

그렇다면 위의 탐색 수단으로 몇 개의 경로를 찾아야 할까? 아주 구체적으로 설명하겠다. 목표에 도달하기 위한 방식을 정하고 최소 10개 이상 탐색하자. 유튜브, 구글링, 책 모두 상관없다. 하지만 시간이 없을 때 책을 10권 읽는 건 쉽지 않으므로 적절히 분배해서 해야 한다. 예를 들어 유튜브 영상 다섯 개, 구글링 세 번, 책 두 권, 이런 방식으로 분배하면 된다.

다시 말하지만 이는 최소 수치다. 이 정도는 반드시 해야 한다. 최소 기준에도 미치지 못하면 성공은 매우 불투명해진다. 경로를 더 많이 탐색할수록 나아갈 방향의 본질을 찾을 가능성은 커진다. 즉 목표에 도달할 수 있는 최적의 경로를 더 잘 찾게 된다. 탐색을 하다 보면 때로는 틀린 정보도 마주할 수 있다. 상반되는 주장들도 있을 것이다. 이는 다음 2단계에서 단순화하는 과정을 거쳐야 한다.

탐색은 꾸준히 지속해야 한다. 새로운 정보가 언제 나의 방향성에 영향을 줄지 모른다. 마치 내비게이션이 최적의 경로를 얻기 위해 실시간으로 업데이트를 진행하는 것과 같다. 이미 1단계가 지났더라도 꾸준히 탐색 작업을 해주는 것이 좋다.

목표 달성 프로세스 2단계: 단순화

2단계는 목표 달성을 위해 펼쳐진 정보로 로드맵을 만드는 것이다. 앞서 탐색 단계는 전방위적인 탐색이었다. 다양한 정보를 검색하고 이로써 그 분야를 전반적으로 이해하는 것이 목적이다. 그러다 보면 목표를 바라보는 시야도 넓어진다. 하지만 내가 달성해야 하는 목표와 거리가 먼 정보도 많다. 탐색을 통해 목적지를 향한 경로가 너무 많아진 상태다. 여기서부터는 실제로 활용할 수 있는 정보를 걸러내야 한다. 더 날카롭고 예리한 정보만을 추출하고 목표와 관련이 없는 정보는 정리해야 한다.

그동안 많은 정보를 탐색했다. 그러다 보니 정보가 뒤죽박죽이다. 다양한 정보를 취합하다 보면 중복된 내용, 불필요한 내용도 있다. 그래서 이것들 중 삭제할 것은 삭제하고 정리해야 하는데 그 기준은 앞서 설정한 궁극의 목표다. 우리는 의문의 여지가 없는 구체적인 목표, 내가 도달해야 할 최종 목적지를 설정했다. 그 목적지를 겨냥해 길을 만들어야 한다. 목표를 기준으로 중복되거나 관련이 없는 것을 정리하자.

탐색 단계에서 찾은 모든 정보를 자신의 '목표'와 대조해보자. 만약 목표 지점과 완전히 일치하지 않으면 과감하게 정리하는 것이 좋다. 단순화 단계에는 스스로 이렇게 질문해보자.

'목표를 달성하기 위해서 이 정보는 나에게 반드시 필요할까?'

이 질문에 답변하다 보면 내가 찾은 정보 중 무엇이 나의 목표에 적합한지 아닌지 알 수 있다. 목표에 적합하지 않은 정보는 나의 핵심 가치를 지키기 어렵게 만든다.

예를 들어 '근육량 40kg 체지방률 10%로 보디 프로필 촬영하기'를 나의 목표를 설정했다고 하자. 이 사람의 목표와 가장 관련 있는 운동 방식은 무엇일까?

트레이닝에는 다양한 방식이 존재한다. 파워리프팅, 보디빌딩, 맨몸 운동, 고반복 트레이닝 등 어떤 목표를 가지는지에 따라 내가 할 수 있는 운동은 매우 다양하다. 단순화 단계에서 나의 목표인 '근육량 증가와 체지방 감량'에 가장 밀접한 정보만 남겨 두어야 한다. 그렇지 않으면 목표인 보디 프로필 촬영하기에 실패하거나 비효율적으로 접근해 시간을 지체할 수 있다. 단순화 과정을 통해 내가 정확하게 목표를 향하고 있는지 점검해야 한다.

단순히 '도움이 될 것 같은' 내용에 머무르지 말자. 우리의 시간은 한정적이다. 모든 것에 집중하려 하면 소요 시간이 비약적으로 늘어난다. **선택과 집중이 필요한 시점이다. 목표와 직접적으로 연관되는 정보를 위주로 취합한다.**

여기서 주의할 점이 있다. 탐색한 정보 중에 상반된 주장들이 있을 가능성이 있다. 심지어 틀린 정보도 포함되었을 수 있다. 그러나 우리는 무엇이 맞는 정보인지 정확히 알지 못한다. 알고 있는 지식에 한계가 있기 때문이다. 이럴 때는 어떻게 해야 할까?

어떤 정보가 적합한지 파악하고 선택하기 위해서는 더 설득력 있는 정보를 비교 분석해야 한다. 결국 더 많은 정보를 탐색할 수밖에 없다. 조금 더 목표에 초점을 맞춰 탐색하고 논리적으로 더 옳은 것을 선택해야 한다. 이렇게 목표 달성을 위해 필요한 정보만 추려내는 과정을 거쳐야 한다. '단순화'의 더욱 구체적 사례를 알고 싶다면 나의 유튜브 성공 사례(181쪽 참고)에서 확인할 수 있다.

목표 달성 프로세스 3단계: 분석

3단계에서는 목표를 달성하기 위한 핵심 가치를 도출한다. 이는 물리학 제1 원리 사고법의 핵심 파트다. 이 단계에서는 목표에 도달하기 위한 핵심 가치를 도출해야 한다. 핵심 가치란 목표를 달성하기 위해 꼭 필요한 요소다. 단 한 가지라도 빠지면 목표를 달성할 수 없다. 탐색과 단순화는 결국 이 핵심 가치를 뽑기 위해 존재한다. 그 모든 것이 본질을 찾기 위한 과정이었다.

탐색과 단순화를 통해 도출된 정보, 즉 '키워드'에서 핵심 가치를 도출하고 분석 단계에서는 그 핵심 가치를 정의 내린다. 키워드들을 관통하는 핵심적인 포인트를 뽑아내야 한다. 그렇다면 목표를 향해 다가가는 본질인 핵심 가치를 어떻게 도출할 수 있을까? 한 가지 단순한 질문을 계속하면서 끝까지 답을 이어가면 된다. 바로 '왜'라는 질문이다. 이는 핵심 가치에 도달하는 유일한 무기로, 다음 표에서 제시한 것과 같이 활용한다.

핵심 가치를 추출하는 방법			
목표를 달성하기 위해	(A 키워드)는	왜 하는 것일까?	Why?
		다른 것보다 더 중요한 이유는 무엇일까?	Why Different?

결국 'A 키워드는 어떤 목적지로 향하는가?' '목표를 달성하기 위해 A 키워드는 왜 해야만 하는 것일까?' 'A 키워드가 다른 것보다 더 중요한 이유는 무엇인가?'라는 질문에 답해야 한다. 이미 탐색을 통해 답이 나온 상태일 것이다. 만약 답이 없다면 이 질문을 기반으로 더 탐색해야 한다. 답을 찾을 수 있을 때까지 나아가야 한다.

앞서 탐색 과정에서 A 키워드가 나온 이유를 알아냈다. 그것이 바로 'Why', 즉 '왜 하는 것일까'라는 질문에 대한 답이다. 탐색 과정이 중요한 이유다. 탐색 과정은 목표에 관한 우리의 이해를 도우며 동시에 본질을 찾는 답을 주기도 한다.

이제 더 나은 게 무엇인지 파악해야 한다. 모든 키워드를 살펴보자. 그리고 하나씩 질문해보자. 목표를 달성하기 위해 A 키워드가 다른 것보다 더 중요한 이유는 무엇인가? 이 키워드가 빠지면 목표를 달성할 수 없는가?

탐색을 통해 많은 키워드가 나왔다. 위 질문을 통해 어떤 키워드가 중요한지 비교하게 되는데 목표에 방향성이 있기 때문에 스스로 답을 내릴 수 있다. 이 과정에서 살아남지 못한 키워드는 과감하게 정리하자. 키워드 숫자를 늘리지 않더라도 목표 달성에는 큰 영향이 없다. 결국 그 키워드는 핵심 가치가 아닌 것이다.

목표 달성에 필수적인 것만 남겨야 한다. 이는 '원씽'One Thing, 즉 핵심에만 집중해서 높은 성과를 내는 방법이다. 당신이 도출한 핵심 가치는 목표 달성에 없어서는 안 되는가? 핵심 가치는 목표 달성에 필수적이어야 한다. 이 핵심 가치를 더 높은 수준으로 끌어올리면 목표를 성취할 수 있게 된다. 복잡한 것을 단순하게 만들 수 있어야 한다. 이는 높은 퍼포먼스에 필수적인 능력이다.

스티브 잡스는 세계 최고의 기업가로 평가받는다. 그는 1995년에 진행한 인터뷰에서 회사를 운영하는 방법에 대해 질문받았다. 그는 경영에 대해 다음과 같이 말했다.

"수년간 사업을 하면서 깨달은 게 있어요. 저는 항상 '왜 그 일을 하는가?'라고 질문했습니다. 그러나 답은 언제나 '원래 그렇게 하는 거야'였습니다. 아무도 자신이 하고 있는 걸 왜 하는지를 몰랐어요. 아무도 자신이 하고 있는 비즈니스에 대해 깊이 생각하지 않았습니다. 이게 제가 발견한 사실입니다.

예를 들어보죠. 저희가 차고에서 애플1을 만들 때는 정확히 비용을 알 수 있었어요. 공장 생산이 가능했던 애플2 때는 이전의 방식으로는 비용을 예측하기 어려웠습니다. 그래서 회계학의 '표준원가'를 이용했어요. 원가의 표준 수치를 정해놓고 추정하는 것입니다. 저는 계속 "왜 이렇게 하는 거야?"라고 물었고 그때마다 "원래 그렇게 하는 거야."라는 답을 들었습니다. 이 문제를 6개월 동안 파헤쳐보니, 그렇게 하는 이유는 원가를 정확하게 예측할 수 없었기 때문이었어요. 정보 시스템이 구축되지 않았거든요. 하지만 아무도 그렇게 말하지 않았습니다.

그래서 매킨토시 자동화 공장을 설계할 때는 이러한 개념을 버릴 수 있었습니다. 그리고 비용이 얼만지 정확히 파악할 수 있었어요. 한치의 오차도 없이 말이죠. 사업에는 이런 관념들이 있어요. 이전에도 그랬으니 지금도 그럴 것이라는 추측이죠. 많은 질문을 던지고, 생각해보고, 열심히 일한다면 경영은 빨리 터득할 수 있어요. 그렇게 어려운 일이 아닙니다."

그는 '왜'라는 질문을 통해 문제의 본질을 6개월 동안 집요하게 파고들었다. 그 결과 비용 예측을 회계학의 표준원가로 추정하지 않고 더욱 정교한 비용 계산 방식을 만들어야 한다는 결론에 이르렀다.

이런 접근은 문제의 '본질'을 정확히 파악했기 때문에 가능하다. 기업 경영 또한 본질을 추구하는 방법으로 해낼 수 있다는 의미다. 경험에 따른 유추가 아닌 본질에 접근하는 방법이다. 세계 최고의 기업인 스티브 잡스도 제1 원리 사고법으로 성장했다.

이렇게 목표 달성의 핵심 가치를 도출했다. 여기까지 목표에 도달하기 위한 이론 과정이다. 핵심 가치는 본질을 관통해야 한다. 본질에서 벗어나면 그만큼 우회해서 가게 된다. 그만큼 좌절과 고통의 시간도 늘어난다. 따라서 핵심 가치를 도출하는 데 심혈을 기울여야 한다. 핵심 가치가 잘못되면 성과는 낮을 수밖에 없으며 목표 달성도 불투명해진다. 더 많은 정보를 탐색하고 단순화할수록 올바른 핵심 가치를 뽑을 수 있다.

그다음은 실전이다. 역공학 사고법을 활용할 차례다. 이미 완성된 성공 사례를 핵심 가치를 기반으로 분해할 것이다. 이제 비약적인 성장을 맞이할 것이다.

—

파블로 피카소처럼 성공의 원리를 훔쳐라
: 역공학 사고법

"뛰어난 예술가는 따라 하지만
위대한 예술가는 훔친다."
_파블로 피카소

현대 미술의 거장이자 천재 화가로 불리는 파블로 피카소는 작품의
예술성뿐 아니라 대중의 인기까지 모두 잡았다고 평가받는다. 언뜻
그의 그림은 기괴해 보이기도 하지만 유년 시절의 작품을 보면 그림
실력을 의심할 수 없다. 그와 관련된 다양한 일화 중 피카소의 그림
값 일화는 특히 유명하다.

한 여인이 파리의 한 카페에 앉아 있는 피카소를 발견했다. 그녀는
그에게 다가가 자신을 그려달라면서 적절한 대가를 치르겠다고 했다.

피카소는 단 몇 분 만에 그 여인을 스케치하고서는 50만 프랑, 한화로 약 8,000만 원을 요구했다. 그러자 여인은 놀라서 이렇게 말했다.

"아니, 선생님은 지금 그림 그리는 데 겨우 몇 분밖에 걸리지 않았잖아요?"

"천만에요. 저는 이렇게 그리는 실력을 얻기까지 40년이라는 시간이 걸렸습니다."

피카소가 예술가에 대해 정의한 말은 아주 유명하다. "뛰어난 예술가는 따라 하지만 위대한 예술가는 훔친다." 스티브 잡스는 생전에 피카소의 이 말을 자주 인용했다고 한다. 여기서 '따라 하는' 것과 '훔치는' 것을 구분할 수 있어야 한다. 따라 하는 것은 타인의 결과물을 그대로 가져오는 것이다. 즉 겉모습을 그대로 흉내 내어 모방하는 것이다. 하지만 훔치는 것은 다르다. 겉모습을 모방하는 게 아니다. 타인의 저작물을 흉내 내는 게 아니라 그것을 만들어낸 타인의 능력을 내 것으로 가져오는 것이다. 먼저 작품을 어떻게 만들지를 고민하고, 무엇을 해야 하는지 파악한 다음 모델이 되는 사람의 행동과 사고방식과 능력을 가져오는 것이다.

대다수 사람은 뛰어난 선례를 따라 하기에만 급급하다. 하지만 오로지 성장의 측면에서만 바라보자. 모방이 내게 더 도움이 될까? 아니면 훔치는 게 더 나을까? 모방은 창조의 어머니라는 말이 있다. 아무런 지식이 없을 때 모방은 좋은 학습 도구가 된다. 타인의 저작물을 따라 하는 것만으로도 어느 정도는 성장할 수 있다. 그러나 그보다는 타인의 능력을 훔치는 것이 훨씬 효과적이다.

타인의 결과물을 따라 하는 건 단 하나의 결과만 가져갈 뿐이다. 하지만 타인의 능력을 훔치면 파생되는 결과물은 무한대다. 내 생각을 덧붙여 더 좋은 결과물을 만들 수 있다. 모방과는 비교할 수 없을 정도로 더 나은 방법이다.

나는 이를 역공학 사고법이라고 정의한다. 역공학은 컴퓨터 용어로 완성된 제품을 상세하게 분석해 기본적인 설계 내용을 추적하는 것을 의미한다. 완성된 결과물을 통해 본질적 원리를 파악하는 것이다. 1단계부터 차근차근 익히는 게 아니다. **성공한 결과물의 원리를 역으로 추적하는 방법이다. 이는 학습의 시간을 압도적으로 줄여준다. 그리고 적용하기도 훨씬 쉽다.**

이 사고법은 목표 달성 프로세스 4~6단계에 적용된다. 역공학 사고법으로 당신의 능력을 극대화하고 압도적 성장을 일궈내는 구간이다. 앞서 1~3단계는 목표를 성취하는 데 꼭 필요한 이론을 만드는 과정이었다. 우선 '탐색'을 통해 목적지로 향하는 경로를 찾아냈다. 불필요한 정보도 많고 중복되거나 상반된 주장도 있었다. 이는 '단순화'를 통해 정리했다. 목표 달성을 기준으로 불필요하거나 중복되거나 잘못된 정보를 제거했다. 그리고 '분석'을 통해 핵심 가치를 도출했다. 단 한 가지라도 부족하면 달성하기 어려운 핵심 가치다. 이 가치를 실현하면 목표를 달성할 수 있다.

　이제는 실전이다. 핵심 가치를 끌어올리는 과정이다. 먼저 '벤치마킹'할 대상을 정리한다. 그리고 이를 핵심 가치를 기반으로 '분해'한다. 그런 다음 실제 내 것에 '적용'한다. 이 과정을 반복하면서 한 달간 유지한다. 그리고 결과물을 확인한 후 '피드백' 과정을 거친다. 이제 이 단계를 하나씩 살펴보자.

목표 달성 프로세스 4단계: 벤치마킹

당신의 경쟁자는 살아 있는 '최고의 교과서'다. 벤치마킹은 성장의 원리를 기술적으로 얻을 수 있고 높은 수준의 결과물을 만드는 시간을 압도적으로 단축할 수 있다. 만일 벤치마킹할 대상이 없다면 시행착오를 수도 없이 겪을 것이다.

　성공한 사람들은 마치 시행착오를 겪지 않은 것처럼, 편하게 그 위치까지 간 것처럼 보인다. 하지만 그들은 보이지 않는 곳에서 묵묵히 자기 길을 걸어간 사람들이다. 그들도 크고 작은 실패를 무수히 겪었다. 그리고 하나같이 자신은 더 잘 풀릴 수 있었다고 고백한다. 겪지 않아도 될 시행착오를 끊임없이 겪었기 때문이다.

　경쟁자의 실패 100번은 내 실패를 10번으로 줄여준다. 흔히 경쟁자를 경계하며 자신의 파이를 가져간다고 생각하는데 물론 그런 측면도 일부 있다. 경쟁자의 이익이 증가하면 내가 얻을 이익이 줄어들기도 한다. 이때는 피해를 받는다고 생각할 수 있다. 하지만 그 생각에 머물러 있다면 더 높은 성장을 할 수 없다.

나보다 앞선 사람이 있다는 건 축복이다. 그들을 잘 분석해야 한다. 아무런 참고 자료 없이 어떤 분야에 뛰어드는 것은 위험할 수 있다. 그래서 레드 오션은 초보자가 성장하기에 굉장히 좋은 곳이다. 성공한 사람들의 성공 원리를 파악해서 벤치마킹을 해보자. 그들이 갔던 길을 철저하게 분석하고 그들의 성공 요소를 뜯어보고 모두 내 것으로 만들어 더 크게 성장하자. 4단계에서는 벤치마킹 대상을 정리하는 것이 과제다. 내가 도전하는 분야에서 앞서 있는 서비스, 사람들을 찾아 경쟁자 목록을 만들어보자.

목표 달성 프로세스 5단계: 분해

4단계에서 벤치마킹 대상을 정리했다면 5단계에서는 그들이 성공한 요소를 모두 분해해야 한다. 지금까지 경쟁자 목록, 즉 살아 있는 교과서들을 정리했다. 벤치마킹을 통해 그들이 겪은 시행착오를 겪지 않기 위함이다. 그러기 위해서는 벤치마킹 대상을 '분해'해야 한다. 분해는 벤치마킹 대상을 핵심 가치를 기반으로 파악하는 것을 의미한다. 핵심 가치를 기준 삼아 모든 것을 뜯어본다는 의미로 '분해'라고 명명했다.

대다수 사람은 경쟁자들의 특징을 나열하기만 하는데 이는 잘못된 접근이다. 목표를 정확하게 겨냥하려면 정확한 기준으로 접근해야 한다. 그 기준이 바로 '핵심 가치'다. 자신의 주관이 아닌 핵심 가치로 벤치마킹 대상에 접근할 때 경쟁자의 성공 요소를 내 것으로 만들 수 있으며 바로 여기서 성장이 시작된다.

이 분해 단계에서는 성공한 사람들이 핵심 가치를 끌어올린 방식을 파악한다. 그들의 결과물을 모방하는 게 아닌 능력을 훔치는 작업으로 성공 요소를 파악해서 학습하는 것이다. 이렇게 완성된 상태의 근본적인 원리를 파악하는 것이 역공학 사고법의 핵심이다.

성공하려면 분해 단계를 정말 많이 반복해야 한다. 분해 방법은 간단하다. '왜?', '어떻게?'라는 질문을 하는 것이다. 왜 그 일을 했고 어떻게 달성했는지 파악해보자.

분해 과정		
벤치마킹 A는	핵심 가치 A를 높이기 위해	왜 이것을 했을까?
		어떻게 이것을 구현했을까?

이 '왜'와 '어떻게'의 답을 찾아야 한다. 그리고 더 많은 질문을 통해 의문점을 해결해야 한다. 정답이든 아니든 상관없이 답을 끊임없이 추구하며 정의를 내려야 한다. 그러다 이런 생각이 들어야 한다.

'이렇게 한 이유를 이제 알겠다!'

벤치마킹 대상을 분해한 결과는 소중한 자산이 된다. 바로 쓸 수 있는 실전 지식이다. 벤치마킹 대상이 성장할 수 있었던 본질적인 원리다. 실제 사례를 통해 성장의 본질을 깨닫게 된다. 반면 책에서 발견한 지식은 쉽게 체화되지 않는다. 때로는 이론을 위한 이론이 보이기도 하는데 그러면 내가 원하는 결과를 얻기가 어려워진다.

분해는 꾸준히 진행되어야 한다. 다음 단계인 '적용' 과정에서도 분해 작업을 해야 한다. 6단계는 5단계와 하나의 세트로 적용은 분해를 기반으로 이뤄져야 한다.

목표 달성 프로세스 6단계: 적용

6단계는 벤치마킹 성공 포인트를 끊임없이 적용하는 단계다. 앞서 우리는 제1 원리 사고법으로 핵심 가치를 정의했다. 그리고 이를 기반으로 벤치마킹 성공 요인을 분해했다. 이제 남은 것은 적용이다. 성공 요인을 내 능력으로 만드는 단계다. 벤치마킹 대상을 분해한 결과를 적용할 때는 다음과 같은 세 가지 원칙을 염두에 두어야 한다.

1. 적용하기 전 필수 질문하기

적용할 때 반드시 해야 할 질문은 이것이다. '목표를 달성하기 위해 핵심 가치 A를 구현하려면 나는 무엇을 해야 할까?' 지금까지 벤치마킹 대상이 핵심 가치를 '왜' '어떻게' 구현했는지 파악했다. 이제 분해된 내용을 내 행동에 녹일 차례다. 내가 무엇을 해야 그 결과를 구현할 수 있을지 구상한다. 분해한 결과로 내가 어떻게 행동할지 결정하는 단계다. 그리고 벤치마킹 대상이 성공할 수 있었던 요인을 실천한다.

행동을 위한 행동에 빠지지 말아야 한다. 이를 방지할 수 있는 게 바로 '목표를 달성하기 위해'라는 전제를 하는 것이다. **내가 지금 하는 행동은 목표와 직접적으로 연관되어야 한다.**

2. 분해한 결과 리뷰하기

적용 단계는 성장의 시간이어야 한다. 분해 결과를 적용하기 전에 먼저 차분히 살펴보자. 그래야 양질의 적용이 나올 수 있다. 또한 분해 요소를 꾸준히 학습하자. 살아 있는 교과서를 체득하라. 그들은 내 목표를 달성하게 해주는 답안지다.

꾸준히 학습하면서 단 한 가지라도 나아졌는지 살펴보자. 오늘 진행하는 '적용'은 어제보다 더 성장할 수 있는 것이어야 한다. 한 번 적용할 때마다 학습해야 한다. 그냥 기계처럼 적용하면 매일 똑같은 행동을 하는 것에 불과하다. 이번에 적용한 결과를 보완해서 다음에 적용할 때 활용하고, 매일 꾸준하고 성실하게 적용하면서 그 과정에서 단 하나의 포인트라도 성장해야 한다. 이 부분이 가장 어렵다. **분해와**

적용의 조합은 나의 성장을 무한대로 끌어내는 단계다.

3. 몰입하기

적용 기간에 몰입을 경험할 수 있다면 최고의 경지다. 우리는 언제 무엇을 하든 몰입의 경지에 이르도록 노력해야 한다. 물론 항상 몰입 상태를 경험하기는 어렵다. 다만 그 조건을 이해하고 적용한다면 더 쉽게 몰입할 수 있다. 미하이 칙센트미하이Mihaly Csikszentmihalyi는 몰입의 전제 조건을 다음과 같이 제시했는데 이 조건들을 갖추면 더욱 쉽게 몰입할 수 있다.

첫째, 명확한 목표가 있어야 한다. 이는 앞서 다룬 목표 설정과는 조금 다른 의미다. 여기서 말하는 목표는 지금 하는 행동 단위의 목표로 오늘 해야 할 '투두리스트'TO-DO-LIST에 가깝다. 예를 들면 '지금 나는 10킬로미터를 달릴 것이다!'라고 마음먹는 경우다.

둘째, 목표와 능력의 균형을 맞춰야 한다. 여기서 균형은 완벽한 평형 상태가 아니라 어느 정도 적절한 수준으로 맞추는 것을 말한다. 목표가 현실적인 능력에 비해 너무 크다면 몰입하기 어렵다. '이 목표는 도저히 불가능해'라는 생각에 압도되고 만다. 그렇다고 해서 너무 쉬워도 안 되며 적절한 긴장감을 주는 것이어야 한다. 정말로 열심히 하면 할 수 있다는 자신감이 드는 목표여야 한다.

예를 들면 나는 평소에 운동 삼아 1킬로미터씩 달리곤 한다. 그러나 여기서 조금만 더 뛰어도 체력적인 한계를 느낀다. 그렇다면 10킬로미터를 달린다는 목표는 너무 높다. 체력의 한계를 몇 단계나 뛰어넘은 목표다. 또한 500미터를 달린다는 목표는 도전 과제로 여겨지지 않는다. 평소보다 낮은 목표이기 때문이다. 평소보다 조금 높은 목표를 설정하고 잠재된 능력을 끌어올려야 한다. 이는 시소의 균형과 같다. 어느 한쪽으로 크게 기울어지면 잠재 능력을 발휘할 기회가 생기지 않는다.

셋째, 정확한 피드백이 필요하다. 정확한 피드백은 모니터링 작업과 같다. 균형을 맞추는 과정에서 자신의 내면에서 나오는 소리를 들어야 한다. 현재의 자신이 올바른 길을 가고 있는지 계속해서 확인한다. '내가 지금 페이스를 더 올리면 너무 숨차려나?' '조금 천천히 달려야겠다.' '너무 천천히 달리니까 오래 걸릴 것 같네.' '지금보다 속도를 더 내볼까?' 이렇게 정확하고 구체적인 피드백을 통해 균형을 맞춰간다. 균형을 이루면 머릿속을 어지럽히던 잡념이 사라지고 오로지 행동을 유지하는 데 집중하게 된다.

이 조건들이 정확하게 맞아떨어지면 비로소 몰입을 경험하게 된다. 집중도가 높아지며 행동이 이전보다 수월해진다. 균형점을 찾았기 때문이다. 추가적인 피드백이 없어도 행동이 유지되다 보니 행동이 자동으로 일어난다는 착각이 든다. 행동에 관성이 붙은 것이다. 나와 행동 이외에는 관심이 사라지고 시간은 초고속으로 지나간다. 그리고 그 어떤 날보다 희열을 느낀다.

적용 단계는 꽤 지루한 작업이다. 목표 달성을 위한 행위를 반복하기 때문이다. 그래서 **의도적으로 몰입을 시도해야 한다. 매번 다른 행동 목표를 세우자. 나의 잠재력을 끌어올릴 적절한 수준의 목표를 세우고 오직 나와 행동 사이에서 소통하자.** 이 원리를 자유자재로 활용해보자. 엄청난 성장이 따를 것이다. 사실 몰입은 성장을 넘어 그 자체로 즐거움을 누리는 일이다.

그렇다면 적용은 언제까지 해야 할까? 여기에는 정해진 기준이 없다. 자신의 퍼포먼스에 따라 천차만별이다. 내가 설정한 목표의 난이도에 따라 달라지기도 하고 도전하는 분야마다도 달라진다. 결국 정해진 기준은 있을 수 없다. 따라서 임의로 기준점을 설정할 필요가 있다. 한 달을 기준 삼아 적용해보자. 한 달이라는 시간은 성장 모멘텀이 유지되기 위한 최소 조건이다. 시간 단위로도 인식하기 편하다. 한 달 동안은 앞만 보고 달려가 보자.

그러나 문제는 여기서 발생한다. 대부분 이 6단계 적용 단계에서 가장 많은 위기가 찾아온다. 특히 심리적인 동요가 발생하기 쉽다. 그 이유가 무엇일까? 적용의 목적을 착각하기 때문이다. 분명 올바르게 핵심 가치를 뽑아서 분해했고 적용 단계를 수도 없이 반복했다. 목표 달성에 가까워지고 있다고 느껴진다. 이쯤 되면 변화가 일어나야 하는데 결과는 그대로다. 크게 달라지지 않는다. 점점 의문이 들기 시작한다.

'어라? 생각보다 결과가 나오지 않네?'

'내가 제대로 하고 있는 거 맞나?'

'혹시 잘못된 방향으로 가고 있는 건 아닐까?'

도대체 무엇이 잘못되었을까? 목표를 이루기 위해 쉬지 않았고 프로세스를 진행하며 확신도 들었다. 경쟁자의 성공 요인을 모두 적용했다고 자부했다. 금방이라도 성장할 것만 같았다. 그러나 큰 변화가 일어나지 않는다. 오히려 다른 사람들이 더 빠르게 성장하는 느낌이다. 예상만큼 좋은 결과가 나오지 않는다. 이는 이전 단계를 완벽하게 수행해도 마찬가지다.

목표 달성 프로세스는 시간이 필요하다. 그러나 성장하려는 욕망은 인내해야 하는 시간을 참지 못한다. 목표 달성이 간절할수록 더 그렇다. 심리적으로 급박해지고 성공과 현실의 차이가 클수록 더욱 불안해진다. 여기서 한 번쯤 위기가 온다. 이 상황이 반복되면 목표를 포기하게 된다.

목표에 도달하기 위한 현실적인 소요 시간이 있다. 그리고 이상과 현실과의 괴리는 반드시 존재한다. 목표 달성을 100퍼센트 보장하지 못한다. 이 부분이 우리를 불안하게 하고 우리가 하려는 퍼포먼스에 큰 영향을 미친다. 이를 어떻게 해결할 수 있을까?

여기서 마인드셋이 빛을 발한다. '성장 마인드셋'을 장착하면 지속성을 유지하며 사소한 감정 변화에 흔들리지 않는다. 중심이 확고히 서 있고 불안이 적다. 목표에 대한 의문점에 효과적으로 대응할 수 있으며 행동을 지속할 수 있다. 또한 오래 견딜 수 있도록 에너지를 재생산할 수 있어야 한다. 예상한 시기에 결과가 나오지 않으면 동력을 점점 잃을 수 있다. 이때 정체성, 목표를 다시 떠올려보자. 내 인생에서 목표를 이루는 것이 어떤 의미인지 다시 그려본다. **성장 마인드셋과 에너지는 퍼포먼스에 지대한 영향을 미친다.**

만약 잘못된 방향으로 나아간 것 같다면 지금 단계에서 본인이 할 수 있는 일은 없다. 컨설팅을 받는다면 교정할 수 있지만 혼자 진행하는 경우는 교정하기 어렵다. 현재 내가 가진 지식의 한계점 때문이다. 그리고 문제 해결 능력 역시 부족한 상태다. 이때는 이후 단계인 '피드백' 단계에서 점검해야 한다. 우선 자신이 행동한 결과가 나와야 하며 여기서 개선점을 찾아야 한다. 성적이 나오지 않은 상태에서 오답노트를 만들 수는 없다.

무엇보다 스스로에 대한 의심을 거둬야 한다. 의심은 매번 단계를 멈추고 되돌아가게 한다. 그렇게 되면 얼마나 성장했는지 측정할 수도 없다. 차라리 핵심 가치를 잘못 뽑아 한 달간 실행하는 게 낫다. 피드백 과정에서 교정할 수 있기 때문이다. 그렇지 않으면 개선점을 정확히 찾을 수 없다.

—

30일 뒤, 스스로 피드백하라
: 성장을 확인하는 사고법

"비관론자는 모든 기회에서 어려움을 찾아내고,
낙관론자는 모든 어려움에서 기회를 찾아낸다."
_윈스턴 처칠

목표 달성 프로세스 7단계 : 피드백

한 달간 적용한 결과를 재점검하라! 드디어 적용 기간이 끝났다. 지금
까지 해왔던 것을 점검하는 시간을 가져야 한다. 피드백의 기준은 다
음과 같이 두 가지 경우로 압축된다.

1. 한달간 성장한 경우

정말로 축하한다! 이제 조금씩 성장하게 되었다. 스스로 칭찬하는

시간을 반드시 가져야 한다. 다른 사람들이 만들어준 결과가 아니며 고액 컨설팅을 받은 결과도 아니다. 직접 연구한 것을 실제 성장의 결과물로 만들었다. 그래서 더욱 값진 결과다.

이는 핵심 가치가 적중했다는 의미다. 모든 것이 완벽하게 적중하지 않았을 수도 있다. 하지만 주요한 포인트가 일치했기에 성장이 이뤄진 것이다. 이때 심리적으로 안정되는 게 중요하다. '내가 잘못된 길을 가고 있나?'라는 의문이 해소되어야 한다. 결과물이 나왔는데도 여전히 의심이 든다면 자신을 좀 더 독려할 필요가 있다. 의도적으로 '나는 잘하고 있었던 거구나!'라고 생각해야 한다.

이제 앞으로 1~3단계는 가볍게 진행한다. '내가 도출한 핵심 가치에 부족한 점은 없는가?', '핵심 가치가 변동될 수 있는가?'라고 질문하며 가볍게 탐색을 진행한다. 이제는 어느 정도 그 분야에 대한 이해도가 생겼으므로 전보다 더 쉽게 올바른 정보를 얻을 수 있다. 그렇게 재점검하는 과정을 거친다.

이제부터는 분해와 적용에 더 몰입해야 한다. 앞서 우리가 거친 7단계가 올바른 과정임을 행동으로 증명했으므로 지속적인 분해와 적용으로 더욱 성장해야 한다. 더 완성도 있는 적용은 끊임없는 분해로 가능하며 적용되지 않은 분해는 의미 없다. 분해한 성공 요소를 모두 적용해서 더욱 성장하도록 하자.

2. 결과가 그대로이거나 더 나빠진 경우

안타깝게도 한 달이라는 시간 안에 결과가 나오지 않을 수도 있다. 목표에 따라 더 많은 물리적 시간이 필요할 수 있다. 한 달이라는 시간에 연연하지 말자. 하지만 7단계를 진행하다가 확신이 들지 않으면 다음과 같이 질문해보자.

한 달간 진심으로 행동했는가? 7단계를 성실하게 진행했는지를 묻는 것이다. 이 질문에 당당하게 답할 수 있는 사람은 아마도 드물 것이다. 한 달간 7단계를 진행하다 보면 다양한 방해 요소를 마주칠 수 있다. 친구들과 자주 어울리는 사람은 집에 있기 어렵다. 친구들이 술한잔하자는 유혹을 이겨냈는가? 유튜브, 릴스를 보느라 시간을 허비하진 않았는가? 피곤하니 내일로 미루자고 생각하지는 않았는가? 한 달간 이론과 실전 과정을 매일 성실하게 진행했는가? 익숙하지 않은 과정을 2~3일에 한 번씩 하면 몸에 배지 않는다. 하루 이틀만 건너뛰어도 감각을 잊고 만다. 따라서 조금씩이라도 매일 꾸준히 해나가는 게 중요하다.

이런 경우는 프로세스가 잘못된 것이 아니라 마인드 훈련이 되어 있지 않아서 나타나는 현상이다. 조금이라도 마음이 흔들리면 곧 작심삼일로 돌아가고 만다. 따라서 마인드셋을 훈련해야 한다. 성장 마인드셋이 부족하기 때문일 수도 있다. 6단계 적용에서 심리적으로 흔들리진 않았는가? 지금 진행하고 있는 방식에 의문이 들기 시작하고 핵심 가치가 올바르게 도출되었는지 확신이 들지 않으면 감정이 동요한다. 심리적으로 흔들리면 행동으로 이어지지 않는다. 이런 의심, 실패감, 분노와 같은 감정에 어떻게 대처할 것인가? 자신을 돌아보며 질문해야 한다. 나는 고통을 견디는 능력이 높은가? 위대한 성공을 이룬 사람들의 철학을 겸비했는가? 내 무의식을 개선할 원리를 터득했는가?

결국 목표 달성은 한 문장으로 정의할 수 있다. 성장 마인드셋과 에너지를 기반으로 끝까지 문제를 해결하려는 힘이다. 좋은 결과가 나오지 않았다는 건 목표 달성의 본질을 제대로 찾지 못했거나 이를 끌어올리지 못한 것이다. 그렇다면 프로세스를 처음부터 다시 진행해야 한다. 성과가 있어서 가볍게 진행하는 게 아니다. 처음부터 다시 재점검해야 한다. '이론' 과정에서 잘못된 정보를 거르지 못했을 수도 있다. 탐색을 많이 진행하지 않아 내가 모르는 또 다른 핵심 가치가 있었을 수도 있다.

1단계부터 다시 해보자. '탐색' 단계에서 정보를 30개 찾은 것으로 부족했다면 50, 60개를 찾는다. 그리고 '단순화'를 통해 키워드의 의미를 정확하게 정리했는지 점검한다. '분석' 과정에서는 핵심 가치를 올바르게 도출했는지 살펴본다. 올바른 정보인데 틀린 정보로 착각한 건 없는지 점검한다. 실전 단계에서는 '벤치마킹' 대상을 더 늘리고, '분해'에서 정의 내린 나의 판단이 틀린 것이었는지 계속해서 질문하고 답한다. 이 과정에서 핵심 가치가 실제로 적용된 과정을 더욱 섬세하고 정교하게 만들어가야 한다.

'열심히'라는 말은 결코 성공을 담보하지 않는다. 성공의 요소를 모두 고려해야 한다. 목표를 이루고 성공하는 것은 사실 예술의 영역에 가깝다. 성공에는 정말로 다양한 변수들이 존재하며 이를 마주할 때마다 올바른 방식으로 대응해나가야 한다.

지금까지 어떻게 하면 빠른 성장이 가능한지 설명했다. 실제로 나는 이 방법대로 행동했다. 아주 특별한 방법은 아니지만 결과적으로 남다른 성장을 했다. 실상 성장이 특별한 게 아니라는 방증이다.

마술은 신기하다. 눈속임이라는 것을 알면서도 볼 때마다 신기하고 그 원리가 너무 궁금해진다. 육안으로는 절대로 불가능할 것 같은 일이 벌어지기 때문이다. 원리를 알기까지는 절대로 따라 하지 못할 것 같은 신비감마저 든다. 하지만 원리를 알면 환상은 깨지고 만다. 마술이 생각보다 굉장히 단순하며 누구나 할 수 있는 퍼포먼스였다는 걸 깨닫는다.

목표를 달성하는 방식도 마찬가지다. 우리는 성공에 특별한 비결이 있다고 믿는다. 하지만 사실은 그렇지 않다. 평범한 것을 지속하는 힘이 특별함을 만드는 것이다. 그 어떤 방법을 찾아봐도 결국은 교과서 같은 이야기를 하게 되는 이유이기도 하다.

목표 달성 프로세스를 무한 반복하면 그 과정에서 분석력, 분해력,

적용력이 이전보다 크게 향상된다. 그렇게 한 단계씩 성장하다 보면 남들보다 뛰어난 문제 해결 능력을 갖추게 된다.

이제까지 설명한 목표 달성 프로세스를 3단계로 압축하면 다음과 같다. 이를 구체적인 행동으로 구현한 것이 목표 달성 프로세스 7단계다. 이 접근 방식이 가장 효과적인 목표 달성 방식이다.

---

1. 목표의 본질을 찾는다 → 물리학 제1 원리 사고법
2. 목표 달성 사례에서 본질의 원리를 찾는다 → 역공학 사고법
3. 본질의 원리를 끊임없이 적중시켜 성장한다

지금까지 우리는 정체성과 목표를 설정하고, 목표를 달성하기 위한 프로세스를 진행하는 방법을 알아봤다. 이 과정을 계속 반복하면 우리가 바라는 목표에 점점 가까워질 것이다. 하지만 이것만으로는 부족하다. 분해와 적용 과정은 생각보다 길다. 누군가는 한 달 만에 끝나는 목표를 설정했을 수 있고, 누군가는 1년이 지나도 달성하기 어려운 목표를 설정했을 수도 있다. 목표 달성의 과정에서 행동을 지속하지 못하는 경우가 생길 때 드는 감정을 어떻게 다스리느냐가 성공의 유무를 결정한다. 이를 마인드셋이라고 한다. 당신은 어떤 마인드셋을 가지고 있는가? 당신의 마인드셋에 따라 모든 결과가 결정될 것

이다. 이제 성장 마인드셋이 무엇인지, 이를 장착하기 위한 과정은 어떤지 알아보도록 하자.

사람들이 가장 궁금해하는 목표 달성 프로세스 Q&A

다음은 목표 달성 프로세스에 관해 사람들이 자주 물어보는 질문에 관한 답변이다.

Q. 모든 분야에 7단계를 적용할 수 있나요?

A. 작심만일을 이루기 위한 목표 달성 프로세스는 범용적이다. 모든 목표에 적용할 수 있다. 운동, 공부, 사업 모두에 적용 가능하다. 기업의 프로젝트에도 적용할 수 있다.

Q. 7단계를 진행하는데 계속 새로운 목표가 생겨요.

A. 7단계는 다른 7단계 프로세스를 낳을 수 있다. 예를 들면 유튜브를 할때도 섬네일 만들기, 편집 프로그램 같은 기술적인 능력이 필요해질 때가 있다. 사람들의 마음을 끌어당기는 카피라이팅도 필요하다. 모든 기술과 능력이 종합적으로 어우러져야 한다. 마치 종합예술에 가깝다. 만약 편집 프로그램 사용법을 모른다고 가정해보자. 그러면 편집 프로그램에 숙달하기 위해 7단계를 모두 진행해야 할까? 그렇지 않다. 유튜브 콘텐츠를 만들기 위해 프로그램을 사용하는 것이

지, 편집 프로그램 강사가 되려는 게 아니기 때문에 실제 커리큘럼이 10강이라면 5강만 들어도 충분하다. 7단계의 목적은 목표 달성에 필요한 핵심 가치를 끌어올리는 데 있다. 모든 분야와 요소를 배우고 숙달하려는 것은 시간 낭비일 수 있다.

모든 지점에서 7단계를 적용할 필요는 없다. 7단계는 나의 핵심 목표에 적용하자. 일론 머스크 역시 물리학 제1 원리 사고법을 매번 적용하는 게 어렵다고 고백했다. 결코 쉬운 과정이 아니다. 일반적으로 진행하는 방식이 아니라 자신에게 맞는 과정의 이면을 보려고 해야한다. 노력도 생각보다 더 많이 들여야 한다.

Q. 핵심 가치는 몇 개를 뽑아야 하나요?

A. 목표에 처음 도전하는가? 그렇다면 핵심 가치를 세 가지씩 뽑는 것을 원칙으로 하자. 목표 달성에 도움이 되는 모든 행동을 하는 것보다 핵심 가치에 집중하는 게 훨씬 더 효율적이기 때문이다. 예를 들어, 목표 달성을 위해 할 수 있는 것이 100가지가 있다고 가정해보자. 100가지를 모두 해내면 100의 결과값이 나오게 된다.

하지만 100가지를 전부 하기까지 많은 시간 투자가 필요하다. 이를 끝까지 해내기 위한 마인드셋도 단단해야 하며 그만큼 에너지도 뒷받침되어야 한다. 결국 100가지를 시도해보기 전에 포기하는 경우가 대부분이다.

핵심 가치는 100가지 중에서 가장 중요한 것들만 도출한 것이다. 단 세 가지에만 집중하더라도 80의 결과를 만들 수 있다. 이것이 핵심 가치가 갖고 있는 최대 장점이다. 최소의 시간으로 최대의 효과를 만들 수 있다. 이렇게 효율적으로 결과를 완성한 다음 부족한 것을 하나씩 개선해나가자.

한 가지는 적고 다섯 가지는 많다. **세 가지가 처음 시도하는 목표에 가장 적합한 매직 넘버다**. 핵심 가치 세 가지를 지키며 성장한 다음 하나씩 핵심 가치를 늘려나가자. 그렇다면 당신은 더욱더 성장해나갈 것이다.

작심만일로 목표보다 빠르게 이뤄낸
유튜브 성공의 비밀

—

유튜브 '작심만일'은 목표 달성 프로세스 7단계를 밟음으로써 성장했다. 내가 작심만일 유튜브를 성공시킨 원리를 지금부터 공개한다. 실제 성공 사례를 분석한 내용을 통해 그 원리를 자신의 목표에 적용하면 큰 도움이 될 것이다.

나는 내 목표를 '동기부여 자기계발 채널 10만 구독자'로 설정했다. 그리고 여기에 맞는 목표 달성 프로세스 1단계부터 진행하기로 했다. 주사위는 던져졌다.

목표 달성 프로세스 1단계: 탐색

'동기부여 자기계발 채널 10만 구독자'라는 목표에 맞게 탐색 단계를 진행하기로 했다. 모든 탐색 과정을 정리해보니 꽤 많은 양을 탐색했다. 10건을 탐색한 후 바로 다음 단계로 넘어가는 과정을 반복했다. 실패하고 싶지 않아서다. 참고한 유튜브 영상만 30여 편이다. 책은 다섯 권을 읽었다. 구글링해서 읽은 블로그 글은 50편 정도 됐다. 총 85건의 정보를 탐색한 것이다.

처음엔 단순한 검색부터 시작했다. 유튜브에서 '유튜브 잘하는 법'을 찾았다. 사실 유튜브에서 찾는 게 가장 효율적일 수밖에 없었다. 왜냐하면 영상 속 주인공들이 이미 자신만의 노하우를 콘텐츠로 만들어 유튜버로 성장한 사람들이기 때문이다.

성공 방법에 관한 거의 모든 유튜브 영상을 봤다. 최적의 길을 찾기 위한 경로 탐색이었기에 가장 유명한 채널, 조회 수가 높은 영상만 보지 않았다. 구독자가 1,000명도 되지 않고 조회 수가 정말 낮은 영상도 유심히 봤다. 그리고 그들이 말하는 모든 것을 정리했다.

유튜브, 책, 블로그를 통해 85건의 정보를 탐색하고 나자 이런 생각이 들었다. '세간에 돌아다니는 유튜브 정보는 대략 이 정도구나. 그러면 여기서 본질적 가치를 뽑아내도 되겠다.' 비슷한 내용도 많아서 이쯤에서 탐색 단계를 중단하고 두 번째 단계로 넘어갔다.

목표 달성 프로세스 2단계: 단순화

85건의 정보에는 수많은 내용이 있었지만 공통된 내용도 많았다. 유튜브의 성장에 도움이 되는 이야기도 많았지만 특정 분야에 한정된 콘텐츠도 있었다. 게임 유튜버가 해야 하는 내용을 담은 콘텐츠는 게임 분야에 한정된 내용이기에 과감하게 정리했다. 단순화 과정을 통해 다음과 같은 내용을 정리했다. '채널 아트, 채널명, 구독자 100명 모으기, 사람들이 끝까지 영상을 보게 하는 방법, 내 영상이 알고리즘을 타는 원리, 표본이론, 유튜브 알고리즘, 단계별 성장 원리' 등이었다.

한 가지 상반된 주장도 있었다. 유튜브에 성공한 사람들이 하는 말 중 하나가 '꾸준함'이었다. 자주 영상을 업로드하는 게 중요하다는 것이다. 반대로 영상을 자주 올리는 것은 도움이 되지만 필수적이지 않다는 주장도 있었다. 이들 중 누구의 말이 맞을까?

여기서 탐색 단계로 다시 돌아가야 했다. 나는 내가 도전하는 분야로 탐색 영역을 제한했다. 자기계발 채널에 비정기적 업로드로 성장한 채널을 찾았다. 신기하게도 일주일에 한 편 업로드한 곳이 많았다. 구독자는 10만 명이 넘는데 한 달에 한두 건만 올린 채널도 있었다. 정기적인 업로드가 채널의 성장에 도움이 될 수는 있다. 하지만 그렇게 해야만 채널이 성장하는 건 아니다. 일주일에 한 건만 올리더라도 충분히 성장할 수 있다. 즉 자주 업로드하는 것보다 더 중요한 본질이 숨어 있는 것이다. 그 비밀을 찾아야 했다.

결국 유튜브는 양질의 콘텐츠를 꾸준히 제공할 수 있는지의 싸움이었다. 핵심은 '양질'의 콘텐츠여야 한다는 것이다. 퀄리티가 낮으면 양이 아무리 많아도 소용이 없다. 자주 올리지는 않더라도 퀄리티가 있는 콘텐츠를 꾸준히 발행하는 게 중요하다는 결론이 나왔다.

목표 달성 프로세스 3단계: 분석

나는 단순화 과정에서 자주 반복되는 키워드를 정리하고 그것이 왜 중요한지를 모두 적었다. 그들은 '왜' 이 키워드가 목표 달성에 중요하다고 하는 걸까? 그리고 이 키워드는 '왜' 다른 것보다 더 중요할까? 나는 스스로 질문하고 답하며 핵심 가치를 도출해갔다. 아래 질문과 답변은 나처럼 유튜브에서 성공하고픈 사람들도 궁금해할 내용이라 실어둔다.

핵심 가치를 도출하기 위한 키워드 문답법

Q. '채널 아트', '채널명'은 왜 신경 써야 하는가?

A. 시청자에게 이 채널의 목적을 알게 해주기 때문이다. 채널명과 채널 아트는 유튜브 채널의 정체성을 나타낸다. 이 채널이 무엇을 하는 곳인지 알리는 수단이다. 따라서 채널의 방향성을 뚜렷이 드러내

는 것이어야 한다. 이것이 구독자를 늘리는 한 가지 방법이다.

Q. '구독자 100명 모으기'에서 '맞구독'을 하지 말아야 하는 이유는 무엇인가?

A. 내 영상이 나쁜 콘텐츠로 판별될 가능성이 크기 때문이다. 내 콘텐츠에 진심으로 관심 있는 사람이라면 영상을 클릭하고 끝까지 시청한다. 그러나 관심이 없는 사람들은 클릭조차 하지 않는다. 지인이나 가족들에게 구독을 누르게 하는 것도 좋지 않다. 그들도 처음에 한두 번은 내 영상을 볼 수 있다. 하지만 영상이 10개 이상 넘어가면 이야기가 달라진다. 보고도 그냥 지나칠 수 있다. 유튜브에서는 이런 영상을 좋은 영상으로 판별하지 않는다. 알고리즘을 통해 자연스럽게 구독자가 늘어나는 게 가장 좋다.

Q. 유튜브 알고리즘은 왜 중요한가?

A. 유튜브 알고리즘은 내 콘텐츠를 관심 있는 사람에게 퍼뜨린다. 다양한 사람들에게 영상을 노출하고, 그 영상을 시청한 사람들의 정보를 기반으로 비슷한 사람들에게 노출 횟수를 늘린다. 유튜브 알고리즘에서는 두 가지 개념이 중요하다. 바로 '노출 클릭률'과 '시청 지속 시간'이다. 노출 클릭률과 시청 지속 시간이 높을수록 좋은 콘텐츠라고 볼 수 있다. 만일 자신의 유튜브가 이 두 가지 수치가 높다면 콘

텐츠의 노출 범위를 계속 넓힐 수 있다.

이런 식으로 다양한 키워드들의 원리와 이유를 적어나갔다. 왜 그 키워드가 중요한지, 왜 다른 것보다 더 중요한지 끝까지 탐구했다. 이 과정을 통해 핵심 가치에 도달하게 되었다. 위의 모든 키워드에 답하며 나는 다음과 같은 결론을 내리게 되었다.

내가 세운 목표 '자기계발 유튜브 구독자 10만 명 만들기'는 '노출 클릭률', '시청 지속 시간', '채널 정체성'으로 결정된다. 이것이 핵심 가치다.

이것이 제1 원리 사고법을 통해 요약한 세 가지 핵심 가치다. 이 세 가지 가치를 극대화하면 자연스럽게 구독자가 모일 것이다. 핵심 가치를 추려내는 것이 중요한 이유 중 하나가 바로 간결함이다. 이전에 85건의 탐색으로 찾아낸 정보는 더 이상 중요하지 않다. 이 세 가지 핵심 가치를 뽑아내기 위해 거친 과정일 뿐이었다. 찾은 모든 정보를 기억하고 활용하려고 하면 더 복잡해진다. 이제는 명확하다. 채널 정체성, 노출 클릭률, 시청 지속 시간만 극대화하면 된다.

자, 이제 유튜브 성공에 필요한 핵심 가치를 뽑아냈다. 그러면 어떻게 핵심 가치를 높일 수 있을까? 이를 도와주는 교과서가 있을까? 역공학 사고법은 살아 있는 교과서를 만드는 과정이다. 경쟁자들의 성공 요인을 학습해서 내 것을 만들어 행동으로 옮긴다. 이미 검증된 성공 원리를 적용해 성장하는 방식이다.

목표 달성 프로세스 4단계: 벤치마킹

내 목표는 '동기부여 자기계발 유튜브로 구독자 10만 명 만들기'이기에 유튜브 채널에 '동기부여'를 검색하고 해외 채널도 참고하기 위해 'motivation'으로도 검색했다. 검색해서 나온 콘텐츠 중 조회 수가 높은 것들을 정리했다. 다양한 채널들이 나왔는데 그중에서도 내가 지향하는 점을 살린 채널들을 뽑았더니 총 10개가 나왔다.

벤치마킹 대상은 나의 살아 있는 교과서다. 경쟁자들은 내가 곧 겪을 시행착오를 미리 겪었기 때문에 나의 시행착오를 획기적으로 줄여준다. 나는 그들보다 더 높은 수준 또는 그와 비슷한 수준까지는 되어야 했다. 그렇기에 이들을 낱낱이 뜯어 분석하고 이들이 사람들에게 많은 사랑을 받을 수 있었던 이유를 모두 알아내서 내 것으로 만들고 싶었다.

목표 달성 프로세스 5단계: 분해

유튜브 채널 중에서도 조회 수가 높은 것을 선별해 벤치마킹 목록으로 정리했다. 이제는 이 벤치마킹 대상을 분해할 차례다. 분해하는 기준, 즉 원칙은 무엇일까? 바로 핵심 가치다. 나는 다른 건 신경 쓰지 않았다. 앞서 이론 단계에서 도출한 핵심 가치로 벤치마킹을 분해했다. 해야 할 것과 하지 말아야 할 것을 명확히 구분해서 핵심 가치와 관련되지 않은 것들은 과감하게 버렸다.

이 채널은 채널 정체성을 왜 이렇게 표현했을까? 이 채널 아트와 이름을 어떻게 지었을까? 나는 무엇을 해야 할까? 이 콘텐츠는 노출 클릭률이 왜 높을까? 질문에 대한 답을 찾아가다 보면 자연스럽게 내가 분석한 결과가 나온다.

예를 들어 위 콘텐츠를 뜯어보며 들었던 의문들을 적어보자. 왜 하루를 이렇게 시작하면 그날은 반드시 망한다고 했을까? 우리에겐 매일 똑같은 하루가 주어진다. 그러나 어느 날은 어떤 실수로 인해 하루가 안 풀린다고 느낄 수 있다. 이 콘텐츠는 그 이유를 설명해줄 것 같다. 인간의 공포 심리를 이용한 것이다.

왜 우측 상단에 두뇌 MRI 이미지를 배치했을까? 뇌과학적 요소를 담았다고 간접적으로 표현한 것이다. 모든 것을 글로 표현하면 가독성이 떨어진다. 이미지를 넣으면 직관적으로 이해되면서 또 다른 궁금증으로 이어진다. 왜 '브레인 코치'라는 단어를 넣었을까? 이는 유튜버가 전문가라는 인식을 심어준다. 평범한 사람이 말하는 게 아니라 권위자가 말한다는 메시지를 전달한다.

왜 제목에서 '성공한 엘리트 중 상위 10퍼센트는 '이것'이 달랐다'라고 했을까? 사람들은 엘리트를 향한 욕망이 있다. 그들도 뛰어난데 그중에서 상위 10퍼센트다. 엘리트 중의 엘리트는 무엇이 다를까? 뭔가 특별한 비밀이 숨어 있을 것 같은 느낌을 준다.

그렇다면 나는 어떻게 이 요소를 훔칠 수 있을까? 이 섬네일을 그대로 베끼는 게 아니다. 이렇게 높은 조회 수를 기록한 섬네일을 만드는 능력을 배우는 것이다. 나는 위의 문답법을 통해 다음과 같은 원리를 도출했다.

1. 인간의 공포 심리를 자극하는 문구를 활용한다
2. 그림으로 가독성을 높이고 궁금증을 유발한다
3. 권위를 높이는 표현을 넣는다
4. 특별한 존재가 지닌 비밀을 표현한다

이는 사례를 통해 배울 수 있는 실전 지식이다. 나의 경쟁자가 지닌 뛰어난 능력을 하나씩 훔치는 것이다. 벤치마킹 대상을 분해한 요소는 내가 직접 활용할 원리가 된다. 앞으로 적용 단계에서 다양한 무기로 쓰일 것이다.

나는 이렇게 마케팅에 대해, 실제 상황에서 어떤 포인트가 사람들의 반응을 끌어내는지에 대해 알아갔다. 책을 보며 이론을 위한 이론을 배운 게 아니다. 책만으로 공부했다면 나는 아직도 유튜브를 하지 못하고 마케팅 책만 읽고 있었을 것이다.

이것이 핵심 가치를 기준으로 벤치마킹 대상을 분해하는 과정이다. 다른 핵심 가치도 같은 방식으로 이렇게 만들어가야 한다. 나는 시청 지속 시간, 채널 정체성도 같은 원리로 진행했다. 끊임없이 '왜?'라는 질문을 던지고 '어떻게' 구현할지 개괄식으로 정리했다. 나는 이 분해 과정을 반복해 실행했고 여기서 비약적으로 성장할 수 있었다.

본질을 파악한 핵심 가치로 나보다 앞서 있는 벤치마킹 대상을 하나하나 베어냈다. 그렇게 성공 원리를 정리해나갔고 이는 돈으로도 살 수 없는 엄청난 자산이 되었다.

목표 달성 프로세스 6단계: 적용

목표를 달성하기 위한 성공 원리는 모두 알아냈다. 이제는 행동으로 증명해야 한다. 앞서 나는 채널 정체성, 노출 클릭률, 시청 지속 시간으로 벤치마킹 대상을 분해했다. 각각의 성공 요인을 정리하고 거기서 내가 배울 점을 파악했다. 이제 실전에 적용할 차례다. 나는 '무엇을' 해야 할까?

먼저 채널 정체성을 구현해야 했다. 벤치마킹 대상도 구현했던 핵심 가치를 담고 있어야 한다. 나는 자기계발의 의미를 담은 유튜브 이름을 고민했다. '작심만일'은 그렇게 탄생했다. 작심만일이라는 이름으로 올리는 콘텐츠의 기준은 '성장'이다. 나는 성장에 필요한 요소만을 업로드하기로 다짐했다. 비즈니스 성공 요인, 습관 만들기, 무의식 학습하기 같은 콘텐츠를 업로드할 예정이었다. 나를 성장시키는 콘텐츠는 시청자도 성장시킬 것이기 때문이다. '성장'은 작심만일의 채널 정체성이다.

그렇다면 이제 무엇을 해야 높은 조회 수를 기록할 수 있을까? 알고리즘을 타려면 무엇을 해야 할까? 나는 직접 섬네일을 만들고 카피라이팅을 했다. 앞서 분해를 통해 도출한 성공 원리를 다시 리뷰해서 그 원리들이 담길 수 있도록 섬네일을 만들었다. 첫 업로드를 하고 이후 한 달간 약 10개 정도 영상을 업로드했다. 영상을 만들고 섬네일 제목을 만드는 게 쉽지 않았다. 내 능력이 벤치마킹 대상만큼은 아니었기 때문이다. 섬네일은 한 콘텐츠에 10번을 수정한 적도 있었다. 사람들에게 끌리는 영상을 만들기 위해 완성하고서도 수도 없이 수정해야 했다.

목표 달성 프로세스 7단계: 피드백

한 달 동안에는 이렇다 할 성과가 없었다. 처음 시작했을 때만 해도 구독자가 10명 남짓이었다. 2주가 지나면서 변화가 생기기 시작했다. 알고리즘으로 콘텐츠가 퍼져나갔고 한 달이 지날 즈음에는 350명이 되었다. 특별한 성장은 아니었다. 다만 한 달이 지난 시점에서 가파른 성장 곡선이 그려졌다. 한 달 반이 지나자 1만 명을 기록했다. 말이 끝나기가 무섭게 성장했다. 다른 채널에 비해 빠른 성장 추세라고 할 수 있었다.

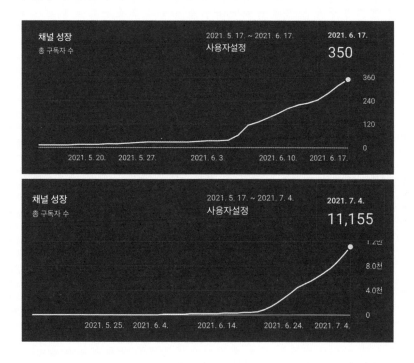

내가 판단한 핵심 가치는 틀리지 않았다. 아주 정확한 포인트임이

증명되었다. 이제 나는 어떤 전략을 취해야 할까? 나는 피드백을 진행했다. 채널을 다시 살펴보니 좀 더 효과적으로 섬네일을 만들고 카피라이팅을 해야 했다. 더 몰입력 있는 콘텐츠를 만들어야 했다. 나는 분해와 적용 단계에 더 집중했다. 더 성장하려면 나는 능력을 더 끌어올려야 했다. 나의 핵심 가치 능력은 아직 부족한 부분이 많았다.

이후 탐색은 가볍게 진행했다. 새로운 트렌드를 가끔 확인하는 정도였다. 혹시라도 본질에 다가가는 더 좋은 방법이 있을 수 있기 때문이다. 하지만 메인은 분해와 적용이었다. 그렇게 나는 성장해나갔다. 꽤 시간이 흘렀지만 이 핵심 가치는 변하지 않았다. 1년 뒤 작심만일 채널은 가파르게 성장해 구독자가 28만 명이 되었다. 그 비결은 위와 같은 단계를 거친 게 전부였다.

제5장

한계를 뚫고 가는
힘을 길러라

: 마인드셋1

—

쉽게 포기하려는 마음으로는
절대 달라질 수 없다

"나를 죽이지 못하는 것은
나를 더 강하게 만든다."
_프리드리히 니체

가난을 피하고 싶었던 한 청년이 있었다. 당시 그는 26세였고 쌀가게를 하며 모은 돈을 탈탈 털어 자동차 공업사를 차렸다. '아도서비스'라는 자동차 수리공장이었다. 동업자 두 명과 함께 희망을 품고 사업에 도전했다. 동업자의 기술이 워낙 뛰어났기에 손님은 많았다. 그는 20여 일 동안 밤잠도 안 자고 일했다. 그러나 호사다마好事多魔라 했던가. 승승장구하던 그에게 혹독한 시련이 찾아왔다.

그날도 그는 기술자와 함께 밤늦도록 일했다. 시간이 늦어져 숙직

실에서 혼자 자게 된 그는 새벽에 일어나 세수할 물을 미리 데우려고 했다. 그런데 옆에 있는 휘발유를 화덕에 부은 순간 들고 있던 휘발유 통에 불이 붙어버렸다. 그는 본능적으로 통을 던져버렸고 목조 건물이었던 공장은 순식간에 타들어 갔다. 그는 유리창을 깨고 나와 겨우 목숨을 부지했지만 공장은 전소했다. 그의 공장에 수리를 맡긴 자동차들도 모두 다 타버렸다. 이 사건으로 그는 어마어마한 빚더미 위에 앉았다.

대부분 사람은 이런 일이 생긴다면 절망에 빠져 다시 일어서기 어려울 것이다. 하지만 그는 포기하지 않고 해결 방법을 고민했다. 이 문제를 해결할 방법은 단 하나였다. '다시 일어서는 것'이다.

그는 사채업자에게 신용을 담보로 돈을 빌려 더 열심히 일하기 시작했다. 당시 많은 수리공이 수리 기간을 길게 잡고서는 손님에게 바가지를 씌우곤 했다. 그는 여기서 발상을 전환했다. 열흘 걸리는 수리 시간을 사흘로 단축하고 높은 수리비를 받은 것이다. 그는 사람들이 조금 가격이 비싸더라도 빠른 시간 내에 수리되는 걸 더 좋아하리라 생각했다.

그는 직접 자동차 수리를 배워 모든 기술자와 함께 일했다. 머지않아 그는 자동차의 부품과 메커니즘을 거의 완벽히 이해했다. 그렇게 정신없이 일했고 돈도 꽤 벌게 되자 사채업자에게 빌린 돈을 이자까지 모두 갚을 수 있었다.

이는 현대그룹의 창업주 정주영 회장의 이야기다. 현대를 세계 일류 기업으로 만들기까지 그는 늘 시련과 고난과 함께였다. 전 재산을 여러 번 날리기도 했고 빚더미에 앉기도 했다. 평범한 사람이라면 삶을 포기할 수도 있는 상황이었다. 하지만 그는 무너지지 않았다. 어떤 상황에서도 자신의 정신을 끝까지 지켰다. 그런 그의 의지는 지금도 많은 사람에게 영감을 주고 있다.

강력한 마인드셋이 필요한 이유

위대한 성공을 이룬 사람들은 모두 강력한 마인드셋의 소유자다. 앞서 우리는 열정을 장착하고 문제 해결 능력을 높였다. 이 두 가지 요소만으로도 목표 달성은 가능하다. 다만 한계가 있다. 난이도가 큰 목표를 설정했다면 마인드셋이 공고해야 한다. 어떤 문제가 닥치더라도 흔들림이 없어야 한다.

중요한 건 끝까지 행동하는 것이다. 우리는 한없이 나약하다. 충동적인 감정을 억제하지 못하고 나쁜 습관에 쉽게 무너지기도 한다. 조금만 난관에 부딪혀도 어려워하고 힘들어한다.

마인드셋은 기존의 학습 방법으로 배울 수 있는 게 아니다. 책을 읽고 글을 쓴다고 해서 체화되지 않는다. 무의식 학습 프로세스를 통해 체화해야 한다. 성장 마인드셋은 끊임없는 성장을 추구한다. 이런 관점을 가진 사람은 자신에게 한계가 없다고 생각하며 자신이 믿는 가치를 궁극적인 것으로 여기고 고도의 책임감으로 끝까지 지킨다. 그리고 부정적인 상황도 오히려 성장의 추진력으로 삼는다. 누구라도 포기할 만한 상황을 극복하고 앞으로 나아가는, 고통을 견뎌내는 힘을 갖고 있다.

제아무리 정체성을 찾았다고 해도 이를 위해 계속 행동할 수 없다면 좋은 결과는 없다. **성공은 단발성 이벤트로 만들어지지 않는다. 지속적인 과정을 통해 결과가 도출된다. 여기서 마인드셋이 큰 역할을 한다.**

우리의 세상은 우리의 마인드가 투영된 결과다. 각자의 마인드에 따라 새로운 세상이 펼쳐진다. 위대한 마인드를 갖춘다면 빚더미에 앉아도 상황을 극복할 수 있다. 전 재산을 탕진하더라도 더 성장하고 성공하려고 한다. 하지만 그렇지 않은 사람은 조금의 손실만 봐도 정신적으로 크게 흔들리고 만다. 이들은 성공한 사람들의 이야기를 들으면 '아, 그렇구나!', '대단하네' 하고 넘긴다. 나와는 완전히 다른 사람의 이야기라고 생각해버리기 때문이다.

당신도 그런가? 하지만 이제는 달라져야 한다. 성공 스토리는 결코 먼 이야기가 아니다. 당신이 만들어갈 스토리다. 그들과 어깨를 나란히 해야 한다. 이제 위대한 마인드를 장착하러 떠나보자!

"나는 생명이 있는 한
실패는 없다고 생각한다.
실패는 스스로 포기하는 것이 실패다.
내가 살아 있고 건강한 한
내게 시련은 있을지언정 실패는 없다."

_정주영

스스로 운명을 바꾸려면
의식적으로 행동하라

"무의식을 의식화하지 않으면 무의식이 삶의 방향을 결정한다.
이를 운명이라고 부른다."
_칼융

당신은 운명을 거스를 준비가 되어 있는가? 지금까지 우리는 주어진
상황을 거스르지 않았다. 성공과 인생에 관한 생각과 태도, 행동을 그
대로 방치했고 우리의 삶은 그저 그렇게 정해진 것이라고 믿었다. 이
는 오랜 기간 지속되어 우리의 무의식에 각인되었다. 칼 융의 말대로
방치된 무의식은 우리의 삶의 방향을 결정한다. 우리는 이를 '운명'이
라고 부른다.

그러나 여기서 다룰 무의식 학습 프로세스는 운명을 거스르는 방

법이다. 패러다임 전환, 개인주의 철학, 인듀어 지수 등 당신 인생의 전환점이 될 수 있는 포인트를 설명할 것이다. 이를 효과적으로 체화하려면 무의식 학습 프로세스로 마인드셋을 무장해야 한다. 그리고 **무의식을 의식화해야 한다. 나의 행동과 태도에 뚜렷한 의도를 심어야 한다.** 그래야 자신이 의도한 대로 살아갈 수 있다. 자기 운명은 스스로 개척해야 한다.

5퍼센트 성장하는 사람 vs 95퍼센트 성장하는 사람

다음과 같은 상상을 해보자. 당신은 오늘 회사 직원들 수백 명 앞에서 발표를 해야 한다. 오늘은 회사 전략 기획을 수립하는 날이다. 팀별로 돌아가면서 전사 직원을 대상으로 발표할 것이다. 이날을 위해 당신은 지난 1년간 힘들게 발표 자료를 준비했다. 이번에 어떻게 발표하는지에 따라 당신의 커리어가 달려 있다. 발표 시간이 다가오고 있다. 점차 떨리기 시작한다. 완벽하게 할 수 있을까? 평소에도 말을 잘하는 편은 아니다. 말이 헛나오는 장면이 그려진다. '아, 이러면 안 되는데.' 걱정의 소용돌이에 빠진다. 두렵고 떨려서 이 시간이 빨리 지나갔으면 좋겠다.

우리 모두 이런 비슷한 경험을 해봤다. 많은 사람이 발표나 연설 등 사람들 앞에서 말하는 것을 두려워한다. 여기에는 여러 가지 요인이 있다. 단 한 번의 이벤트로 모든 게 결정되고, 다시 기회를 잡으려면 오래 기다려야 하기 때문이다. 심지어 비난을 받을 수도 있다. 힘들게 완성한 소중한 결과물에 대한 비난은 견디기 어렵다.

하지만 생각해보자. 아직 아무런 일도 발생하지 않았다. 결과가 나오기도 전에 상상한 모습일 뿐이다. 무의식이 발동한 것이다. 무의식은 의식이 끼어들지 못하는 상태다. 의도적인 행동이 아니며 경험이나 본능에 따른 행동이다. 하지만 무의식은 의식을 압도한다. 아무리 다른 생각을 해보려고 해도 마찬가지다.

세계적인 신생물학자 브루스 립튼Bruce Lipton에 따르면 인간은 5퍼센트의 의식과 95퍼센트의 무의식으로 살아간다. 학자마다 제시하는 수치는 조금씩 다르지만 확실히 인간은 무의식에 더 많은 지배를 받는 경향이 있다.

여기서 의식은 무엇일까? 의식적인 행동은 인지하고 행동하는 것이다. 책을 읽는 것도 마찬가지다. 글을 읽고 생각하는 것은 의식 행위다. 온라인 클래스 수강도 전문가의 지식을 습득하는 과정이다. 이는 의식적인 행동이다. 우리가 의도적으로 행동할 수 있다.

의식의 학습 방법은 일상적인 학습 방식과 동일하다. 밑줄을 치고 암기하는 과정이다. 단순히 책을 읽는 것만으로도 의식을 학습할 수 있다. '아 맞다! 이런 사실이 있지!', '이런 방법으로 해봐야겠네!' 같은 깨달음을 얻을 수 있다. 하지만 이후 큰 변화는 없다. 이 방식은 의식의 학습 방법이기 때문이다. 책을 달달 암기하더라도 변화하지 못할 가능성이 크다. 립튼의 말대로 당신의 5퍼센트만 변할 것이다. 진정으로 변화하고 싶다면 무의식 학습을 해야 한다.

그렇다면 무의식적 행동은 무엇일까? 운전을 예로 들어보자. 당신은 친구들을 만나 여행을 가기로 했다. 먼저 목적지를 검색하고 시동을 걸고 운전을 한다. 이 과정은 무의식적으로 이뤄진다. 당신은 차에 탄 친구들과 대화를 나누면서도 얼마든지 운전할 수 있다. 운전은 무의식이 하기 때문이다.

당신의 95퍼센트가 변하려면 무엇을 해야 할까? 책을 읽는 것과 같이 의식적으로 학습한 결과를 무의식에 심어 운전할 때처럼 저절로 행동하도록 해야 한다. 무의식에 심는 순간 비로소 당신은 성장한다. **무의식을 정복할 수 있어야 진정한 성장이 일어난다.**

원하는 것을 무의식에 프로그램화하라

그렇다면 무의식 학습은 어떻게 하는 것일까? 립튼에 따르면 '무의식은 곧 습관'이다. 이러한 무의식이 우리 안에 자리 잡는 경로는 크게 두 가지로 나뉜다.

첫째, 인간은 일곱 살 무렵까지 무의식에 새로운 정보를 다운받는다. 이는 두뇌의 뇌파와 관련이 있다. 두뇌는 크게 알파, 베타, 세타, 델타까지 네 가지 뇌파 상태를 유지한다. 그중 두뇌가 활동적인 상태는 베타다. 일상생활을 할 때 우리는 베타 상태라 할 수 있다. 일과를

마인드셋

끝내고 샤워하거나 편안한 상태가 되면 두뇌는 알파 상태가 된다. 이때는 안정적인 뇌파를 유지한다. 그러다 점점 잠에 들면 두뇌는 세타 상태가 된다. 그리고 완전한 수면인 델타 상태에 이른다.

일곱 살까지 어린아이의 두뇌 상태는 기본적으로 세타 상태다. 그래서 아이들의 학습은 곧바로 무의식에 저장된다. 성인은 아이가 소꿉놀이할 때 그저 놀이를 한다고 생각하지만 아이들은 진심이다. 병원놀이, 음식 만들기 같은 소꿉놀이를 진실로 여긴다. 의식적인 학습으로 무의식 학습이 가능한 것이다. 하지만 성인은 다르다. 하루에 두 번 일시적으로 세타 상태를 경험할 뿐이다. 잠에 서서히 들어갈 때와 잠에서 점차 깨어날 때다. 이때 우리는 꿈과 현실을 구분하기 어려워하는데 바로 이 순간에 어떤 경험을 하는지가 무척 중요하다.

만일 아침에 일어나자마자 자극적인 콘텐츠로 하루를 시작한다면 어떨까? 이는 무의식에 각인된다. 자기 전에도 마찬가지다. 따라서 잠자기 전후에는 가장 소중한 행동을 해야 한다. 잠자기 전후에 해야 하는 행동에 대해서는 제6장에서 확언을 다룬 부분을 확인해 보자(270쪽 참고). 잠자기 후 무의식적 학습을 하려면 자신을 변화시킬 확언으로 하루를 시작하고 마무리해야 한다.

둘째, 성인인 우리가 무의식 학습을 하려면 '반복'이 필요하다. 립튼은 거의 종교적인 수준으로 원하는 바를 반복해야 한다고 강조했다. 반복은 무의식에 새로운 정보를 주입한다. 그리고 가장 중요한 점은 실제로 행동해야 한다는 것이다. 포스트잇을 붙이고 100번 따라 말한다고 해시 변하지 않는다. 100번 목표를 적는다고 해서 무의식이 변하지 않는다. 직접 경험하고 상상해야 한다.

성장의 연결 고리, 무의식 학습 프로세스 5단계

앞으로 이 책에서 다룰 마인드셋 역시 체계적인 반복이 필요하다. 이 또한 구체적인 프로세스로 나눠 접근하면 더욱 효과적으로 무의식 학습을 프로그램화할 수 있다. 예를 들어 완벽주의를 개선하고 싶다고 하자. 매번 완벽해지려고 하다 보니 스트레스가 너무 크다. 심지어 완벽하지 않으면 차라리 도전하지 않는 걸 택한다. 오히려 손해라는 생각이 들기 때문이다. 이럴 때는 어떻게 해야 할까?

첫째, 먼저 관점의 전환이 필요하다. 지금까지 습득한 지식과 다른 점을 발견해야 한다. 이는 내가 반드시 견지해야 하는 것이다. 완벽주의는 양날의 검이다. 처음 도전하는 분야에서는 오히려 독이다. 미완성된 결과를 수정해나가는 게 더 빨리 성장하는 길이다. 이 사실을 인지했다면 아직 우리는 의식의 영역에 있다.

둘째, 상황에 직면해야 한다. 우리 눈앞에 해야 할 일이 놓여 있다. 원래의 성격대로 완벽하게 하려는 성향도 그대로 남아 있다. 의식만 가지고서는 우리의 성향 자체가 바뀌지 않기 때문이다. 이러한 문제 상황을 다시 한번 직면해야 한다. 그렇지 않으면 기존에 경험한 것을 또다시 경험하게 된다. 아직은 무의식에 이전의 경험이 더 강하게 박혀 있기 때문이다.

셋째, 상황을 재해석한다. 완벽주의 성향으로 스트레스를 받는 상황을 마주했고 이를 인지했다. 그리고 이전에 학습했던 방식을 떠올린다. '미완성된 결과로 부딪치는 게 더 빨리 성장하는 길'이라는 말을 생각한다. 그렇다면 재해석한 방식으로 행동해본다. 이처럼 직접 행동하는 과정이 있어야 한다.

넷째, 재해석한 감정을 느껴본다. 이전에는 완벽주의 성향으로 극심한 스트레스에 시달렸다. 하지만 재해석한 행동을 하니 전보다 나아진 감정을 느낀다. '아, 이렇게 하면 되는구나.' '이렇게 하니까 훨씬 도움 되네!' '앞으로 이렇게 하는 게 더 좋겠다!' 아직 익숙하지 않지만 더 나은 판단이라고 느껴진다. 이 감정을 느껴야 한다. 그렇게 긍정의 연결 고리가 만들어진다. 이는 새로운 방식이 더 이롭다는 것을 무의식에 연결하는 과정이다.

새로운 연결 고리가 만들어졌지만 이 고리는 언제든지 끊어질 수 있다. 한 번의 경험으로 만들어진 느슨한 고리이기 때문이다. 이를 더욱 단단하게 만들어야 한다. 다시 같은 상황에 직면하는 것도 좋다. 그러나 직접 경험해야 하기 때문에 시간이 걸린다. 그래서 다음 단계가 더욱 의미 깊다.

다섯째, 시뮬레이션한다. 이미 한 번 경험했다. 이제는 다시 같은 상황에 직면하지 않아도 된다. 상상으로도 충분하다. 이전에 경험한 것을 시뮬레이션해본다. 아주 구체적으로 그때의 상황을 떠올리자. 앞서 얘기한 첫 번째 '관점의 전환'부터 네 번째 '감정의 재해석 확인'까지 하나하나 기억하고 상상한다.

상상력은 긍정의 연결 고리를 더욱 강화한다. 시뮬레이션을 하며 긍정적인 감정을 느낀다면 직접 그 일을 경험하지 않았더라도 그 일을 현실로 만들 힘이 생긴다. 좋지 않은 일을 계속 상상하면 그 역시 무의식에 각인되는 원리와 같다. 이런 부정적 감정은 트라우마로 남게 된다.

시뮬레이션의 장점은 상황에 직면해 대응하는 시간을 아낄 수 있다는 점이다. 일단 연결 고리가 하나 만들어졌다면 가능하다. 이전에 경험했던 것을 다시 떠올려보자. 상황 직면, 재해석, 감정을 느끼는 과정을 모두 상상해보는 것이다. 구체적일수록 좋다. 아주 사소한 감정, 순간, 상황도 좋다. 그때의 경험을 되살려 상상해본다. 마치 지금 직접 경험하는 것처럼 말이다. 시뮬레이션은 한 시간에 100번도 가능하다. 이 과정에서 당신이 원하는 바가 무의식에 각인이 된다.

당신이 진정으로 좋아하는 생각이나 행동, 태도가 있는가? 바로 이 무의식 학습 프로세스를 적용해보자. 뒷장에 나오는 모든 내용에도 적용해보자. 당신도 모르게 당신이 원하는 마인드를 장착한 자신을 보게 될 것이다.

승자들의 철학을
흡수하라

"일시적 안전을 얻으려고 본질적 자유를 포기하는 사람은
자유와 안전, 그 어느 것도 누릴 자격이 없다."
_프리드리히 하이에크 Friedrich Hayek

일론 머스크, 스티브 잡스, 정주영, 마이클 조던, 에디슨 등 위대한 성
취를 이룬 사람들에게는 하나의 공통점이 있다. 바로 철학이다. 그들
은 자신만의 철학을 가지고 있었다. 그리고 그것을 끝까지 지켜냈다.
그들이 공통으로 추구했던 가치관이 있다면 무엇일까?

"걔는 너무 이기적이야! 개인주의가 심해."

흔히 자기만 생각하는 사람들에게 하는 말이다. 우리는 개인주의
자를 '오직 자기만 알고 본인 잇속을 챙기느라 남에게 피해 주는 사람'

이라고 말한다. 그러나 자기만 생각하고 남에게 부정적인 영향을 끼치는 것은 이기주의이지 개인주의가 아니다. 실제로 개인주의는 이기주의와 관련이 없다. 성공한 사람들의 성공 마인드셋을 체화하려면 먼저 이 개인주의에 대한 이해가 필요하다.

프리드리히 하이에크는 전체주의를 경계한 경제 사상가다. 그는 위와 같은 주장에 딱 잘라 말했다. "개인주의는 자기중심주의나 이기주의와는 아무런 관계도 없다." 흔히들 개인주의는 자기만 알고 타인을 배려하지 않은 마음가짐이라고 생각하지만 이는 정확히 반대다. 개인주의적인 성향이 강할수록 이타적인 행동이 나온다. 어떻게 이런 역설이 가능할까?

하이에크는 저서 《노예의 길》에서 현대의 자유는 개별 인간에 대한 존중에서 나오며 자신의 견해와 선호를 인정하는 것과 스스로 재능과 취향을 발전시키는 것이 바람직하다는 신념에서 출발한다고 이야기했다. 인간은 모두 개별적인 존재다. 나의 행복은 타인에게 똑같이 전달되지 않는다. 고통도 마찬가지다. 타인에게 내 고통이 똑같이 전달될 순 없다. 간접적으로 전달될 뿐이다. 모든 감정과 감각은 개인에 한정된다.

그러나 우리는 시류에 휩쓸려왔다. 뚜렷한 목적 없이 너도나도 대학을 가고 취업을 했다. 자신이 무엇을 좋아하는지도 모르는 상태에서 말이다. 수많은 상황에서 우리는 독립된 주체로서 선택하지 못했다. 스스로 노예의 길을 택해왔던 것이다. 그렇게 우리는 자신의 삶을 짓밟아왔다.

우리는 앞서 정체성을 찾으면서 자신의 가치를 구체화했다. 타인이 바라는 것이 아니라 내가 바라는 이상적인 지향점을 찾았다. 나의 지향점이 내 영역에서는 궁극적으로 인정받는 것이다. 진정한 개인주의는 나만 중시하지 않는다. '나'는 개인이며 주변 사람들 또한 개인으로 존재한다. 그렇다는 건 모든 개인이 존중받아야 한다는 것이다. 내가 소중하듯이 타인도 소중하기 때문이다. 그렇기에 개인주의는 타인에게 피해를 주는 이기주의와는 다르다.

이렇듯 한 개인의 자유를 가장 소중하게 여길 때 같이 따라오는 개념이 있다. 바로 '자기 책임'이다. 내가 손을 뻗을 자유는 상대방의 코끝에서 멈추며 그 이상은 책임을 져야 한다. 이 자유와 책임을 성공한 사람들은 자연스럽게 체득했다.

승자들은 모두 '개인주의자'다

세계에서 가장 위대한 기업가 중 한 명을 꼽으라면 망설임 없이 일론 머스크가 떠오른다. 그만큼 그의 사업 스토리는 경이롭다. 그는 언제나 불가능해 보이는 것에 뛰어들었고 매번 엄청난 성장을 이끌었다.

스페이스 X는 인간을 달에 보내겠다는 머스크의 원대한 포부가 담긴 항공우주 사업의 결과물이었다. 당연히 시작부터 거센 반발과 비난이 뒤따랐다. 언론은 물론이었고 견디기 힘들게도 머스크는 자신의 우주 영웅들로부터도 비난을 들어야 했다. 미국에서 최초로 달에 착륙한 닐 암스트롱, 유진 서넌Eugene Cernan은 머스크의 항공우주 산업 개발을 반대하는 성명을 냈다.

머스크는 인터뷰 도중에 이 사실을 알게 되었고 결국 울먹거리기까지 했다. 심지어 그의 친구는 로켓이 공중에서 폭파되는 장면만 모은 영상을 그에게 가져오기도 했다. 절대로 이 사업을 진행하지 말라고 충고하기 위해서였다. 대부분은 이쯤 되면 두 손, 두 발 다 든다. 자신에 대한 믿음이 흔들리고 온 세상과 등진 느낌이 들기도 한다.

심지어 스페이스 X는 세 번의 발사 실패를 겪었다. 그래서 회사는 파산 직전까지 몰리게 되었고 머스크는 이런 질문을 받았다.

"세 번 연속 로켓 발사에 실패했을 때 포기하고 싶지는 않았나요?"

그러나 머스크는 단칼에 말했다.

"전혀요."

"왜죠?"

"전 절대 포기하지 않으니까요."

테슬라도 마찬가지였다. 머스크 역시 이 사업의 성공 가능성을 10퍼센트 안팎으로 예상했다. 그는 이 사업이 실패할 것 같았다고 고백하기도 했다. 하지만 그는 도전했다. 전기차는 골프 카트밖에는 안 된다는 잘못된 통념을 바꾸고 싶었던 것이다. 테슬라에 도전한 이유를 질문받았을 때 그는 이렇게 말했다.

"뭔가가 충분히 중요하다면 가능성이 없을지라도 해야만 합니다."

머스크는 자신의 영웅과 친구에게 비난을 들어야 했지만 이에 아랑곳하지 않고 더 나아갔다. 그 사실이 쓰라릴지라도 묵묵히 이겨냈다. 인간을 화성에 보내겠다는 다짐은 그의 궁극의 목표였다. 그는 가능성이 희박했지만 멈추지 않았다. 자신의 관점을 끝까지 유지하는 것, 이는 개인주의 철학의 가장 근본이다. 이처럼 위대한 성취를 이룬 사람들은 개인주의자다. 심지어 지독한 개인주의자다. 위대한 성공은 통념을 깨부순 사람들의 몫이다.

"그거, 해서 되겠어?"

"이미 그런 서비스는 충분히 있어."

"너만 그거 하는 줄 아냐?"

무언가를 향해 달려갈 때 주변에서 이런 말을 너무나도 많이 들어봤을 것이다. 그들의 부정 암시를 이겨내야 한다. 나의 소중한 가치는 적어도 내게는 궁극적인 것이다. 성공한 사람들은 모두를 설득하거나 무시하는 한이 있더라도 자신의 의견을 끝까지 관철했다. 만약 틀린 결정이었다면 그들은 이미 자신의 분야에서 도태되었을 것이다. 성공한 사람들은 자신의 결심이 무너지는 것을 버티지 못한다. 그들에게는 그것이 자신의 궁극의 목표기 때문이다.

"뭔가가 충분히 중요하다면
가능성이 없을지라도 해야만 합니다."

_일론 머스크

극한의 오너십으로 고통을 이겨내라

미국 네이비실 출신의 조코 윌링크Jocko Willink는 극한의 오너십을 강조했다. 책임 의식을 극한까지 끌고 가는 것이다. 그는 왜 이런 주장을 하게 되었을까?

2006년 봄은 윌링크에게 너무나도 혹독했다. 그가 지휘관으로 참전한 지역은 반란의 진원지인 이라크의 라마디였다. 잔혹한 테러리스트가 거리를 지배했고 고문, 살인, 강간이 일상적으로 자행되었다. 그들에게 대항하기 위해 이라크 아군과 미 육군, 해군인 네이비실이 합동 작전을 펼쳤다. 그러던 어느 날 어디선가 갑자기 총소리가 들렸다. 곧 일제히 총격전이 이어졌다. 비명 소리가 여기저기서 들렸고 순식간에 아수라장이 되었다.

나중에 알고 보니 이 총격전은 적과 싸운 게 아니었다. 실수로 아군들끼리 총격전이 발생했던 것이다. 이 과정에서 이라크 우호군 병사 두 명이 부상당했고 한 명은 전사했다. 윌링크의 부대원 중에서는 한 명이 다쳤다. 조사해보니 총격전이 벌어진 데는 잘못된 보고와 지시가 있었다. 모든 상황을 상부에 보고해야 했고 누군가는 책임을 져야 했다.

윌링크는 브리핑 자료를 만들기 시작했다. 모든 실수를 적었다. 그리고 누가 총격을 시작했는지 명시했다. 수많은 사람을 죄로 엮을 수 있었지만 그는 무언가 옳지 않다는 생각이 들었다. 어떤 이유에선지 누군가를 특정해서 비난할 수 없었다. 그는 부대원과 회의를 진행했고, 한 부대원이 이렇게 말했다.

"제가 같이 있던 이라크 병사를 관리하지 못했습니다. 그래서 그가 지정된 장소를 벗어난 게 원인이었습니다."

그러자 윌링크가 답했다.

"너는 잘못이 없다."

단 한 사람만이 모든 책임이 있었다. 바로 자기 자신이었다. 지휘관으로서 그는 당시 일어난 모든 일에 책임이 있었다. 윌링크는 새로운 전략을 다시 수립했다. 또다시 대참사가 발생하지 않도록 미리 방지하기 위해서다. 그는 자신이 한 말 그대로 상부에 보고했다.

훗날 그는 그 순간이 너무나 고통스러웠다고 회고했다. 당시 자아가 찢기는 느낌이었다고 한다. 비난을 받으니 자존심 역시 무너졌다. 그러나 그는 알았다. 리더로서 진실을 유지하려면 책임을 져야만 했다. 그러려면 자아를 통제해야 했다. 자아가 자신을 통제하기 전에 말이다.

다행히도 그는 해임당하지 않았다. 그의 지휘관은 윌링크가 남 탓을 할 줄 알았지만 예상과 다르게 그는 책임을 지고 오너십을 발휘했다. 지휘관은 윌링크의 그런 모습을 보고 오히려 더 신뢰하게 되었다. 부하들도 마찬가지였다. 윌링크가 자신들에게 비난을 돌리지 않고 직접 책임지고 나선 것에 감동했다.

하수들은 남을 탓하기에 급급하다. 자신의 잘못이 드러날까 봐 두렵기 때문이다. 이들은 자신의 부족함을 인정하고 싶지 않아 책임의 화살표를 외부로 돌린다. 자신에게 일어난 좋은 일은 '나의 탓'이며 나쁜 일은 '남의 탓'이다. 그러나 윌링크의 오너십은 책임의식을 넘어선 '극한의 오너십'이다. 타인의 부족함에도 책임을 느끼는 것이다. 그처럼 뛰어난 정신을 지닌 사람은 남을 탓하지 않는다. 이런 성향은 무엇보다 자신을 개선하려는 의지를 최선으로 뽑아낼 수 있다. 책임감은 성실성의 기준이기도 하다. 모든 기회는 성실한 사람에게 떨어진다. 그 누구도 이러한 성실성을 이길 순 없다.

우리가 흔히 겪는 현실적인 예는 다음과 같다. 팀 프로젝트가 시작되어 디자인, 개발, 기획, 마케팅 등 각자 역할과 업무를 분담했다. 좋은 결과를 만들기 위해 모두가 합심했고 몇 달간 고생해서 결국 서비스를 론칭했다. 하지만 안타깝게도 결과가 좋지 않았다.

저조한 실적을 두고 회의가 시작되었다. 회의실에는 침묵이 돌았다. 대체 어떤 문제가 있어서 이런 결과가 초래된 것일까? 기획 담당자는 불만이 컸다. 자신이 요구한 대로 결과물이 나오지 않았기 때문이다.

'아, 디자인만 조금 더 세련되었으면 우리 서비스가 터질 수 있었는데.'

프로젝트 결과물은 그가 의도한 것과 달랐다. 그는 디자인이 문제라고 생각했다. 한편 디자인 담당자는 이렇게 생각했다. 자신은 완벽히 디자인했다. 다만 개발자가 이를 구현하는 데 어려움을 겪은 것 같았다. 결과물은 디자이너의 관점을 반영하지 못했다.

'개발자가 잘 반영했으면 훨씬 좋은 결과가 나왔을 텐데.'

다들 이렇게 자신의 책임을 피하는 경우가 많다. 책임의 소재를 분명하게 할 필요는 있다. 프로젝트 결과를 뜯어보며 원인을 분명하게 밝혀야 다음에 같은 문제가 발생하지 않게 된다. 하지만 여기까지만 하면 반쪽짜리다.

성장하기 위해서는 자신의 개선점을 찾아야 한다. 설령 나의 잘못이 없다고 해도 내가 개선해야 할 점을 더 찾아야 한다. 그것이 성장을 끌어낸다. 예를 들어 마케팅 담당자가 이렇게 생각했다고 해보자.

'그때 내가 마케팅 채널을 다양하게 늘리고 상위 노출 알고리즘을 더 파악했다면 우리 프로젝트가 더 많이 알려져서 성공할 수 있었을 텐데 아쉽다.'

또 기획 담당자는 이렇게 생각할 수 있다.

'기획할 때 이 부분을 더 강조했으면 결과물에 반영되었을 텐데.'

책임의 소재는 분명히 해야 한다. 내가 다른 사람의 책임까지 덮어쓸 필요는 없다. 다만 모든 책임이 분명해진 다음에는 개선이 필요하다. 개선은 내 책임으로 가져가는 선만큼 생겨난다.

단체를 우선시하는 것은 때로 필요하다. 하지만 이는 개인의 성장을 방해한다. 자신의 책임을 뒤로하는 경향이 생기기 때문이다. 인간은 자신이 드러나지 않는 곳에서는 책임을 회피하려는 경향이 있다. 이는 남 탓으로 이어지기도 한다. 남을 탓하는 건 자신을 보호하기 위함이다. 모든 책임을 다른 사람이나 다른 이유로 돌려 나의 책임을 덜어내는 것이다. **하지만 성장하고자 한다면 문제의 원인을 자기 자신으로 돌려야 한다.** 스스로 견딜 수 있을 만큼 고통을 감수하라. 그만큼 달콤한 성장의 열매가 기다릴 것이다.

나는 내 운명의 주재자다. 내 성공은 내가 만들어낸 가치에 기인한다. 타인에게 도움을 받았어도 마찬가지다. 이 또한 타인에게 도움을 요청한 아이디어의 결과물이기 때문이다. 실패도 마찬가지다. 내가 원하는 걸 얻지 못했을 때 남을 탓할 순 없다. 분명 그 결과는 내게도 책임이 있기 때문이다. 물론 모든 일이 온전히 나만의 책임이라 할 수 없으며 다양한 원인이 섞인 경우가 더 많다. 그러나 나에게도 그것을 제어하지 못한 책임이 있다. **내 행동의 결정권자는 바로 '나'이기 때문이다.**

다른 사람의 탓인 게 명확해도 내 탓으로 가져와 나의 정체성과 일치하는 행동을 하도록 하자. 내가 부족한 탓에 이 문제가 발생했다고 생각하라. 그리고 문제를 해결하려고 하라. 그것이 내가 나아갈 추진력의 동기가 된다.

자수성가한 사람들을 둘러보자. 대개가 이러한 책임감을 지녔을 것이다. 그들은 개인주의를 자신도 모르게 체화했다. 이론을 공부해서가 아니라 치열한 성장의 경험을 통해 개인주의를 훈련한 것이다. 그러지 않고서는 높은 성장이 불가능했기에 그들에게 개인주의는 당연한 가치다. 만약 이들이 남 탓만 했다면 그 자리에 있지 못했을 것이다. 그리고 타인의 비관적 시선에 흔들렸다면 절대로 그 자리에 가지 못했을 것이다.

성장의 근원은 개인주의 철학에서 유래한다. 자수성가한 사람들처럼 치열한 경험이 부족하더라도 올바른 철학을 정립하고 나아간다면 더 높은 성장이 가능하다. 비록 그들만큼 경험하지 않았어도 미리 인지하고 체화하는 과정을 거치면 훨씬 유리하다. 개인주의는 성장에 필수적인 철학이다.

작심만일 실천법

1. 나의 정체성과 외부 환경이 충돌했던 경험이 있나요? 어떤 경험이었는지 적어보세요.

2. 목표를 달성하는 과정에서 극한의 책임감이 필요했던 순간이 있었나요? 어떤 상황이었는지, 어떻게 행동했는지 적어보세요.

마인드셋

내가 말하는 것은
반드시 현실이 된다

"내 언어의 한계는
내 세계의 한계를 의미한다."
_루트비히 비트겐슈타인

'피곤해', '힘들어', '귀찮아', '졸려', '안 할래', '어려워' 등 혹시 이런 단어를 자주 사용하는가? 《파이브 팩터》의 저자 패트릭 벳데이비드Patrick Bet-David는 단어의 정의를 강조했다. 그는 부정적인 단어를 극도로 경계했다. 우리가 어떤 단어를 사용하는지에 따라 생각에 고스란히 반영되기 때문이다. 그래서 그는 피곤하다는 말을 입에도 담지 않는다고 한다. 실제 이 이야기를 할 때도 '피곤하다'는 단어를 일부러 일부만 표현해 말했다.

우리가 사용하는 단어는 우리의 세계다. 우리가 인식하는 단어 하나로 인생이 바뀔 수 있다. 언어는 생각의 매개체다. 예를 들어 목표 달성에 어려움을 겪고 있다고 하자. 답답한 느낌이 들고 결과는 내가 의도했던 것과는 전혀 다르다. 고통스럽고 힘든 상황이다. 이때는 '힘들다', '지쳤다', '포기하고 싶다'는 표현이 절로 나오게 된다. 나의 답답한 심리 상태를 외부로 표출하는 것이다.

반면 목표한 결과가 잘 나온다고 가정해보자. 내가 설계한 대로 모든 것이 흘러간다. 목표를 설정하고 행동하는 데 큰 문제가 없다. 조금의 어려움은 있지만 견딜 만하다. 결국 좋은 결과를 만들어냈고 내가 의도한 바가 정확히 맞아떨어졌다. 목표에 도전하는 일이 즐거워진다. 나도 모르게 '뿌듯하다', '좋다', '행복하다'라는 단어를 말하게 된다. 이는 가슴 벅찬 긍정적인 감정을 언어로 표출한 것이다. 이렇게 내가 사용하는 언어는 내 내면의 세계를 표출한다.

'최악'을 '최선'으로 바꾸는 성장 언어

당신은 어떤 단어를 자주 사용하는가? 마음의 어떤 부분이 언어로 표출되는가? 긍정적인 단어를 자주 쓰는 것도 마찬가지다. 단순히 좋은 말만 쓴다고 되는 게 아니다. 내면에서 우러나와야 한다. 진심이 깃든 긍정 단어가 아니면 의미 없다. 먼저 내면에서부터 변화가 일어나야 한다. 이는 나의 세계관을 완전히 바꿔야만 가능하다.

문제는 부정적인 언어를 자주 말하는 것이다. 이는 내면이 부정적인 생각으로 가득한 상태라 볼 수 있다. 그래서 부정적인 기운을 끊임없이 표출하는 것이다. 부정적인 언어를 자주 말하는 것은 결국 내게 치명타로 돌아온다. 달성 가능한 목표를 스스로 차단해서 나의 잠재 능력을 끌어올릴 기회를 막아버린다. 나아가 타인에게도 좋은 영향을 주지 못한다. 인간은 당연히 좋은 영향을 주는 사람을 가까이하고 싶어 하고 부정적인 생각만 하는 사람은 되도록 멀리하고 싶어 한다. 감정은 전염도가 높기 때문이다. 부정적인 언어는 주변 사람들이 자신을 떠나는 요인이 된다.

원대한 꿈을 이루고 싶은가? 그러려면 자신이 알고 있는 단어의 개념을 재정의해야 한다. 이를 패러다임 전환이라고 한다. 작심만일을 이루기 위한 패러다임 전환은 다음과 같다.

부정적인 단어를 성장형 단어로 재정의한다
※ 단 자신만의 'Why'가 담겨야 한다!

목표에 도전하기 시작하면 필연적으로 부정적인 단어를 사용하게 된다. 늘 난관이 앞에 있기 때문이다. 심리적 압박감이 느껴지고 자연스럽게 부정적인 감정이 표출된다. 이 감정에 압도당하면 행동하기

를 주저한다. '이거 해서 되겠어?' '부담스럽다.' '나, 잘할 수 있을까?' 같은 생각이 든다. 이를 패러다임 전환을 통해 성장형으로 교정해야 한다. 패러다임 전환은 부정적인 단어를 성장형 단어로 재정의하는 것을 말한다. 재정의를 할 때는 반드시 나만의 명확한 이유가 담겨야 한다.

성장형 단어는 무엇인가? 행동으로 귀결되는 단어, 전보다 더욱 몰입할 수 있는 단어다. **성장은 행동으로 만들어진다.** 지식은 학습하는 것이 아닌 활용하는 데에서 그 힘이 시작된다. 따라서 부정적인 단어를 행동으로 귀결될 수 있는 방식으로 재정의해야 한다.

한 단어의 정의 방식에 따라 다른 인생이 펼쳐진다. 대부분 사람은 부정적인 단어를 그대로 받아들인다. 목표에 대한 두려움을 느끼고 이상과 현실의 괴리를 느낀다. 금세 주저앉고 싶거나 포기하고 싶어진다. 이런 부정적 감정을 긍정적 감정으로 전환해야 한다. 감정은 곧 에너지다. 감정 에너지를 통해 폭발적인 추진력을 얻을 수도, 수직으로 추락할 수도 있다. 성공의 열쇠를 얻는 일은 부정적인 감정을 어떻게 대처하는지에 달려 있다.

다른 사람들과 같은 관점으로 세상을 바라보는가? 남들과는 다른 생각을 해야 한다. 그래야 다른 행동이 결과물로 나온다. 그렇지 않으면 그저 평균적인 사람, 작심삼일을 벗어나지 못하는 사람이 된다. 이제는 달라져야 한다. 부정적인 세계관을 바꾸자. 목표 달성에서 패러다임 전환 능력은 필수다. 경이로운 성공을 한 사람들은 감정 활용 능력이 탁월하다. 무엇보다 부정적인 감정에 대한 관점이 남다르다.

농구 선수 마이클 조던은 NBA의 전설이다. 1990년대 최고의 아이콘이었다. 그저 평범한 구단이었던 시카고 불스는 그의 입단 후 세계 최고의 구단이 되었다. 심지어 조던의 원맨팀이라고도 불렸다. 사실 조던은 지독히도 승부욕이 강했다. 거의 병적인 승부욕이었다. 그는 지는 것을 참을 수 없었는데 농구에만 국한된 게 아니었으며 골프, 카드 게임 등 모든 승부에서 지는 것을 죽도록 싫어했다.

조던의 승부욕은 어릴 적부터 남달랐다. 그의 아버지는 아들의 승부욕을 끊임없이 자극했다. 실제로 조던은 자신이 이를 통해 성장해왔다고 했다. 매일 자신보다 더 뛰어난 사람과 경쟁하고 부딪치는 것을 즐겼다. 그는 이기기 위해 훈련했고 승리를 맛보기 위해 치열한 삶을 살았다. 그에게 패배는 있을 수 없었다. 하지만 그런 그도 한 시즌에서 굴욕적인 패배를 겪었다.

1992~1993년 시즌 리그 하위 팀 워싱턴 불리츠의 슈팅 가드였던 라브래드포드 스미스LaBradford Smith는 떠오르는 신예였다. 이 팀이 시카고 불스와 맞붙게 되었다. 시카고 불스는 챔피언 팀이었다. 그러나 스미스는 그 경기에서 인생 퍼포먼스를 펼쳤다. 슈팅 가드로 마이클 조던과 같은 포지션에서 경쟁했다. 맨투맨 마크를 했던 것이다. 그 결과 스미스는 37득점, 조던은 25득점을 기록했다. 이제 막 떠오르는

신예가 조던을 꺾은 것이다.

경기는 시카고 불스가 승리했지만 조던은 일대일 경쟁에서 패배했다. 이 결과로 미국 전역이 떠들썩했다. 경기가 끝난 뒤 스미스는 조던에게 다음과 같은 말을 건넸다고 한다.

"즐거웠어요, 마이클!"

승부욕이 지독했던 조던은 분노에 치를 떨었다. 그는 당대 최고의 슈퍼스타였다. 그런 자신을 이제 막 NBA에 입성한 신예가 조롱했기 때문이다. 도저히 참을 수 없었던 그는 다음과 같이 공언했다.

"전반전에만 37득점으로 꺾어버리겠다!"

그 후 조던은 말 한마디 하지 않았다. 오직 경기에만 집중했다. 그리고 다음 경기에서 조던은 스미스를 압도했다. 전반전에만 36득점을 기록했고 결국 팀을 승리로 이끌었다. 자신과 팀의 승리를 모두 챙겼다. 경기 후 과거 조던과 스미스의 일화가 회자되었다. 언론에서도 관심을 가졌다. 한 기자가 스미스에게 이 사건에 대해 질문했다. 그러나 조금 이상했다. 스미스는 맹세코 그런 말을 한 적이 없었다고 했다. 문제가 커지기 시작했다. 그러자 조던은 다음과 같이 고백했다.

"사실 제가 지어낸 말입니다."

항상 최고의 자리를 유지하기란 쉽지 않다. 최정상에 서면 나태해지기 마련이다. 조던에게는 묘수가 필요했다. 자신의 승부욕을 활용해 패배감을 행동으로 전환하는 전략이었다. 부정적인 감정을 성장의 동력으로 승화시키는 것은 성장 마인드셋의 핵심이다. 조던은 패러다임 전환의 달인이었다.

그렇다면 우리가 자주 입에 올리는 부정적인 단어는 무엇일까? 가장 먼저 바꿔야 할 단어는 '실패'다. 이는 평범한 사람과 성공한 사람을 구분하는 대표적인 방법이다. 당신은 실패를 어떻게 정의하는가? 예를 들어 수능을 준비하는 학생이 있다. 열심히 공부했지만 모의고사 성적이 낮게 나온다. 성적이 올라갈 기미가 보이지 않는다. 그러면 어떤 감정이 몰려올까? 허무함과 패배감이 몰려온다. 실패의 감정을 경험한다.

평범한 사람은 실패를 부정적인 단어로 정의한다. 하지만 내가 정의하는 실패는 다르다. **실패는 '그 어떤 순간보다 성공에 가까워진 타이밍'이다.** 모순처럼 들리지만 이는 사실이다. 패러다임 전환 공식처럼 '성장형 단어'로 '나만의 이유'를 정의하면 된다.

두려움도 성장 동력이 될 수 있다

다시 수능을 준비하는 학생의 예시로 돌아가자. 이 학생은 수능을 위해 종일 공부하고 나름의 공부 방법도 고민한다. 그리고 목표 달성 7단계 프로세스를 통해 최적의 방식을 찾았다. 좋은 선생님, 인강, 자습 방식을 찾았고 핵심 가치를 끌어올렸다. 최고 점수를 얻으려고 노력했다. 그렇게 3개월이 지났다. 그러나 모의고사 시험 결과는 처참했다. 그 어느 때보다 성실하게 했지만 소용없었다. 원하는 대학에 입학할 수 없는 성적이었다. 이때 불현듯 이런 생각이 든다. '나는 아무리 해도 안 되는 사람이네.' 분명 최선을 다해 방법을 찾고 공부했다. 하지만 실패했다.

그러나 여기서 실패의 다른 측면을 바라봐야 한다. 이 실패감은 나의 실수를 알려주는 신호다. 모의고사를 통해 실패의 쓰라림을 겪었지만 그와 동시에 다음 사실도 알 수 있다.

'지금까지 잘못된 방식으로 해왔다.'

실패 지점에서 무엇인가 잘못되었음을 깨닫는다. 잘못된 길이라는 게 명확해지는 시점이다. 이때 비로소 교정 작업이 시작될 수 있다. '인지'하는 단계이기 때문이다. 그렇기에 실패는 그 어느 때보다 성공에 가까워질 기회다. 오히려 실패의 길을 벗어날 기회다. 실패의 신호를 알아챘기 때문이다. 몰랐다면 잘못된 방식을 고수했을 것이고 결국 더 나쁜 결과를 맞이했을 것이다.

이제는 실패에 우울해할 필요가 없다. 오히려 안도의 한숨을 쉬어야 한다. 지금이 어느 때보다 성공에 가까워진 타이밍이기 때문이다. 이것이 패러다임 전환이다. 지금까지 알고 있었던 사고방식을 완전히 뒤집는 일이다. 이런 전환이 이뤄지면 작심만일의 성공은 더욱 가까워진다.

당신의 부정적인 단어는 무엇인가? 부정적인 단어를 떠올렸다면 패러다임 전환을 해보자. 패러다임 전환을 오해하는 경우가 많은데, 대표적으로 부정적인 단어 자체를 정당화하는 경우가 있다.

· 잘못된 패러다임 전환의 예시 1: 부정적 의미를 정당화한다

실행력이 부족하다 → 신중하다

회피 → 깊이 생각하는 자세

게으름 → 행동을 준비하는 과정

이는 실제 수강생의 사례다. 그는 자신에게 회피하는 경향이 있다고 고백하면서 이를 개선하고 싶어 했다. 그렇다면 회피는 피해야 할 개념이다. 그러나 그는 회피를 '깊이 생각하는 자세'로 바꿨다. 회피는 부정적인 행동으로 성장과 연관될 수 없다. 따라서 이런 패러다임 전환은 부정적인 행동을 정당화한다. 개선하는 게 아닌 고착화되는 방식이다. 문제는 반드시 직면해서 해결해야 한다. 그래야 성장한다.

그러면 회피를 어떻게 성장형으로 바꿀 수 있을까? 모두에 통용되는 정답은 없다. 자신만의 정의가 답이다. 예를 들어 나는 회피를 다음과 같이 정의한다. 해야만 하는 일에 '회피'하고 싶은 감정이 드는 것은 심리적 오류다. 실패에 대한 두려움 때문이다. 이는 모든 인간이 겪는 감정이며 나만 그런 것이 아니다. 이를 달리 말하면 다음과 같다.

'회피하고 싶다면 내가 타인보다 더 성장할 기회다.'

두려움은 원하는 것을 얻을 때 필연적으로 드는 감정이다. 하지만 이를 이겨내지 못하는 사람이 대부분이다. 100명이 시도하지만 실제로는 10명만 도전하게 된다. 여기서 내가 행동만 이어가도 다른 사람보다 더 성장할 수 있으며 내게 더 많은 기회가 다가온다. 그만큼 가치가 높다. 해야 할 일 앞에서 '회피'하는 것은 곧 나를 더 두드러지게 만들 '기회'다. 이렇게 추진력을 받는 방식으로 재해석할 수 있다. 이는 에너지와 마인드셋을 더욱 성장하게 하는 방식이다. 하지만 패러다임 전환을 위해 이렇게 잘못 접근하는 사람도 있다.

- **잘못된 패러다임 전환의 예시 2: 단순히 단어만 전환한다**

피곤하다 → 운동하자

난 잘하지 못해 → 난 전문가야

포기하고 싶다 → 지금부터 시작하자

위 내용을 보면 단순히 단어의 뜻만 전환한 경우다. 패러다임 전환은 나를 설득해야 한다. 정당한 이유가 있어야 한다. 스스로 납득하지 못하면 행동으로 이어질 수 없다. 그래서 패러다임 전환에는 반드시 '왜'가 필요하다.

예를 들어 피곤한데 왜 운동을 가야 하는가? 피곤함과 운동의 상관관계를 만들어야 한다. 하지만 그 이유가 없이 단어만 바꿔놓았다. 또한 어떤 분야에서 능력이 부족하다고 느끼는데 왜 갑자기 전문가라고 생각해야 하는가? 지금 도전을 포기하고 싶은 마음이 가득한데 왜 지금부터 시작이라고 생각해야 하는가? 패러다임 전환은 '왜'라는 질문이 핵심이다. 이 질문으로 나를 설득하지 못하면 타인이 억지로 강제하는 상황과 다를 게 없다.

올바른 패러다임 전환은 행동을 촉발하는 것이다. 예를 들어 어떤 분야에서 내가 못하는 건 그만큼 개선할 부분이 많다는 의미다. 성장의 즐거움을 더 느낄 수 있는 분야인 것이다. 이렇게 패러다임 전환을 할 수 있다.

높은 목표를 설정하면 필연적으로 고통이 찾아온다. 불안함, 답답함 등 다양한 부정적인 감정이 생긴다. 그 감정을 그대로 갖고 있으면 안 된다. 성장 동력이 멈출 수 있다. **패러다임 전환은 바로 이런 감정까지 성장 동력으로 끌어올리는 방법이다. 감정은 에너지다. 지금까지 피하려 했던 부정적인 감정이 오히려 나에게 성장 동력이 될 수 있다.**

당신을 둘러싸고 있는 부정적인 단어는 무엇인가? 평소 자주 하는 말 중에 부정적인 것은 무엇이 있는가? 모두 나열해보자. 그리고 모두 패러다임 전환을 해보자. 자신을 설득할 만한 이유가 있어야 한다. 부정적인 단어를 합리화하는 전환이 아니라 행동을 촉발할 수 있는 성장형 단어로 재정의해보자.

세계관을 더 높은 곳으로 넓혀가라. 패러다임 전환은 당신의 세상을 바꿔줄 것이다.

작심만일 실천법

1. 내가 현재 가지고 있는 부정적인 생각은 무엇인가요?

2. 부정적인 생각을 패러다임 전환 방식으로 바꿔보세요.

3. 부정적인 단어를 긍정적인 단어로 바꿨을 때 어떤 감정을 느꼈나요?

4. 패러다임 전환 방식대로 실패, 위기, 분노, 무력감, 우울감에 대한 관점을 바꿔보세요. 그리고 그렇게 했을 때 어떤 감정이 들었는지, 어떤 변화가 있었는지 적어보세요.

제6장

성공하고 싶다면
오래된 나를 바꿔라

: 마인드셋2

승리를 위해
인듀어 지수를 높여라

"세상은 나 자신과의 심리적 전쟁이다."
_데이비드 고긴스 David Goggins

목표를 세우고 도전하는 일에는 필연적으로 고통이 뒤따른다. 대개 목표는 현실과 거리가 있다. 인간은 목표에 빠르게 도달하고 싶어 하지만 그 욕망에 비해 실질적인 결과는 더디다. 욕망과 현실의 거리만큼 고통이 뒤따른다. 지금까지 당신은 이 고통에 어떻게 대처했는가? 고통에 어떻게 대처하는지가 당신의 성장 마인드셋을 결정한다.

세계적인 철인으로 불리는 데이비드 고긴스는 세상을 사는 일은 '나 자신과의 심리적 전쟁'이라고 표현했다. 그는 미 해군의 엘리트

마인드셋

특수부대 네이비실의 대원이었다. 2005년 아프가니스탄 작전 때 그는 헬리콥터 추락으로 동료 열한 명이 숨지는 사고를 겪었다. 동료들의 자녀들은 한 순간에 아버지를 잃었다. 고긴스는 그들에게 힘이 되고 싶었고 그가 가진 건 강인한 체력밖에 없었다. 그래서 거액의 상금이 걸린 마라톤 대회에 참가했다. 그는 전사한 동료의 티셔츠를 입고 뛰었는데 아마도 동료들의 강인한 정신과 함께한다는 의미였을 것이다. 그는 어마어마한 고통을 이겨내고 각종 대회의 승리를 휩쓸었다. 그렇게 그는 세계적으로 강인한 정신력의 아이콘이 되었다. 고통을 견디며 미친 듯이 행동하는 것을 의미하는 말로 '고긴스'라는 신조어가 생겨날 정도였다.

특수부대는 국가를 지키기 위해 강인한 체력을 키운다. 이는 신체뿐만 아니라 정신력도 포함이다. 신체 훈련은 정신력 훈련과 직접적으로 연관되는데, 신체를 강하게 단련함과 동시에 정신적인 고통을 견디는 능력도 길러진다. 이렇게 훈련하는 이유는 실제 전투는 이보다 더 고통스럽기 때문이다.

고긴스가 운동하는 이유는 남달랐다. 평범한 사람들은 좋은 몸을 만들기 위해 운동한다. 다이어트도 마찬가지다. 많은 사람이 매력적인 몸매를 갖기 위해 운동한다. 스포츠 선수들은 신체 능력을 향상시키기 위해 운동한다. 하지만 고긴스는 다르다. 그는 정신 훈련을 위해, 정신력을 강인하게 만들기 위해 운동한다고 한다. 예를 들면 근력

트레이닝은 근육을 쥐어짜는 고통을 느끼게 한다. 달리기 훈련은 심폐 지구력을 극한으로 몰아가 숨이 턱 끝까지 차오르게 한다. 극한으로 몰린 신체는 한계에 부딪히고 그때마다 우리는 고민한다. '아, 이제 그만할까?' 그가 말한 '심리적 전쟁'이 시작되는 구간이다.

심리적 전쟁 구간에서 승리하면 한계점이 늘어나게 된다. 그러나 패배하면 한계점은 늘어나지 않고 성장하지 못한다. 고긴스의 성장 법칙은 심리적 전쟁에서 승리하는 방식이었던 것이다. 운동심리학자 사무엘레 마르코라Samuele Marcora는 '지구력은 그만두고 싶다는 욕망과 계속 싸우며 현재 상태를 유지하는 힘'이라고 정의했다. 이 말은 고긴스가 말한 심리적 전쟁을 의미한다. 근처 공원에서 한 바퀴 달려보면 지구력의 정의를 체감할 수 있다. 신체의 한계를 느끼면 모든 잡념이 사라지게 된다. 인간의 생존 본능을 자극하기 때문이다.

대부분의 사람이 지구력은 신체 능력에 따라 결정된다고 믿는다. 분명 신체 능력은 중요한 부분이다. 평소 운동하지 않은 사람이 갑자기 풀코스 마라톤을 뛸 수 없다. 신체적으로 준비되지 않았기 때문이다. 하지만 지구력의 핵심은 육체가 아니라 '두뇌'라는 주장이 있다.

과학자 티머시 녹스Timothy Noakes는 '중앙통제자'Central Governor라는 용어를 사용했다. 인간은 격렬한 운동 중에 한계에 부딪힌다. 이는 근육 피로도 때문만이 아니다. 두뇌가 근육에 내린 명령 때문이다. 진짜 위급한 사태가 오는 것을 막기 위해서다. 내가 힘든 것은 근육의 고통이기도 하지만 결국 나를 멈추는 판단은 두뇌가 담당한다. 두뇌가 정신적 고통을 버티지 못해서 포기하는 것이다.

1996년 애틀랜타 올림픽 때 일이다. 마라톤 대회가 시작되고 두 선수가 두각을 드러냈다. 남아프리카공화국 출신의 조시아 투과니 Josia Thugwane, 대한민국의 이봉주였다. 두 선수는 엎치락뒤치락하며 선두 경쟁을 했다. 2시간 12분 동안의 치열한 경쟁 끝에 투과니가 우승했다. 불과 3초 차이로 이봉주는 은메달을 목에 걸었다. 투과니는 우승 인터뷰에서 다음과 같이 말했다.

"이 선수가 살아 있는 게 보입니까? 그게 무슨 뜻일까요? 이 선수가 더 빨리 달릴 수 있었다는 뜻입니다."

투과니에 따르면 이봉주는 신체 능력이 부족한 게 아니었다. 고통을 견딜 수 있는 '정신력'이 자신보다 부족했다는 의미다.

한계점은 무엇인가? 행동을 더 지속하지 못하는 순간이다. 한계점에는 고통이 최고조에 이른다. 하지만 그 지점에서 더 앞으로 나아간 사람이 승리한다. 분야별 최상위 클래스에 속하는 사람은 이에 익숙하다. 엘리트 운동선수, 특수부대원, 위대한 기업가에게는 필수적인 과정이다. 높은 목표를 달성하려는 사람들은 이 고통을 견디는 능력이 중요하다.

그러나 평범한 사람들은 한계점을 만날 때마다 피하곤 한다. 고통의 순간이 두렵기 때문이다. 자라 보고 놀란 가슴은 비슷하게 생긴 솥

뚜껑을 보고도 놀라듯 고통과 비슷해 보이는 것만 봐도 피하고 싶어한다. 그러면 결국 성장이 더뎌지거나 멈춘다. 성장은 심리적 전쟁에서 승리하는 사람의 것이다.

《인듀어》의 저자 알렉스 허친슨Alex Hutchinson은 세계적인 엘리트 운동선수들에게 특별한 힘이 있다는 것을 발견했다. 그들은 고통을 견디는 능력이 일반 사람들에 비해 월등했다. 이를 작심만일에서는 '인듀어 지수'라고 표현한다. 고통을 견딜 수 있는 능력치다. 다른 면에서 똑같은 능력치를 갖고 있다면 인듀어 지수가 높을수록 승리할 가능성이 크다.

성장에 필요한 고통을 선택하는 법

그렇다면 모든 고통을 참는 훈련을 해야 할까? 모든 고통을 견딜 필요는 없다. 심리적 전쟁을 해야 하는 대상은 따로 있다. 뜨거운 물건을 잡고 버틴다고 인듀어 지수가 올라가지 않는다. 견뎌야 하는 고통의 대상에는 조건이 있다.

내가 견뎌야 할 고통은 무엇인가? 그 기준은 바로 나의 '정체성'이다. 앞서 살펴봤듯이 인생의 기로에 있을 때 정체성은 우리의 선택 기준이 된다. 정체성은 내가 지향하는 이상향이다. 이상향은 현실과 떨어진 것이기에 정체성으로 나아가는 길에도 분명 고통이 존재한다. 쉬운 길은 아닐 것이다. 하지만 이겨내야 한다. 정체성으로 향하는 길에서 심리적 전쟁 구간을 만나면 반드시 승리해야 한다.

어느 날 지금 하는 일이 너무나 고통스럽다면 질문해보자. 이 고통은 내가 가야 하는 길에 필연적으로 생기는 고통인가? 그렇다면 끝까지 버텨야 한다. 만약 정체성으로 나아가는 길에 없는 고통이라면 지금 당장 정리해야 한다. 견딜 이유가 없다. 모든 고통을 견뎌가며 성장할 필요는 없다. 나를 더욱 나답지 못하게 만드는 고통들은 정리해야 한다.

정체성과 관련된 고통은 '생산적 고통'으로 정의할 수 있다. 우리가 견디고 버텨야 할 고통은 바로 생산적 고통이다. 정체성을 다시 한번 떠올려보자. 그리고 내가 가야 할 목표를 생각해보자. 반드시 이루고 싶다는 느낌이 들 것이다. 그럼에도 불구하고 하고 싶지 않은 때가 있다. 어떤 일은 정말로 하고 싶지 않을 수 있다. 필연적인 고통은 어디에나 있다. 결국 이 지점에서 끝까지 버티고 나아가야 한다.

인듀어 지수가 높은 사람은 성공의 길을 가게 돼 있다. 남들은 한 걸음, 두 걸음 가다 포기할 때 이들은 열 걸음을 간다. 그 성장의 깊이는 평범한 사람들과 비교할 수 없다. 그렇다면 평범한 사람들은 이 고통을 견디는 능력을 어떻게 훈련해야 할까?

최고의 인듀어 지수 훈련: 두뇌 지구력 높이기

인듀어 지수는 분야와 상관없이 심리적 전쟁 상태에서 승리하는 게 핵심이다. 두뇌에 스트레스를 주고 견디는 정도를 늘려나가야 한다.

가장 직관적인 방법은 지구력 훈련이다. 수치로 파악하기도 쉽고 자신의 한계점을 비교적 어렵지 않게 느낄 수 있다. 꾸준히 하는 만큼 성장도 따라온다. 건강과 두뇌에 긍정적인 영향을 주는 건 말할 것도 없다. 하지 않을 이유가 없다. 인듀어 지수 훈련은 다음과 같이 훈련한다.

인듀어 지수 훈련 방법

1. 한계점 느끼기
2. 딱 한 번만 버티고 나아가기
3. 종료 후 승리의 감정 느끼기

마인드셋

어떤 종목이든 상관없다. 달리기, 수영, 자전거 모두 좋다. 심폐가 자극되는 모든 운동이 도움이 된다. 달리기가 처음부터 어렵다면 걷기부터 시작하자. 걷기가 익숙해졌다면 가볍게 뛰어보자. 오래 뛸 필요도 없다. 100미터 달리기, 2,900미터 걷기로 시작해도 좋다. 점차 달리기 비중을 늘려가자.

하다 보면 어느 순간 한계점을 느낄 것이다. 그 한계점을 의식적으로 직면하자. 점점 호흡이 거칠어지고 심장이 쿵쾅거린다. 다리를 지탱하는 근육도 지쳐간다. 더 이상 안 될 것 같다는 느낌이 든다. 이렇게 한계점에 부딪혔을 때 두려워할 것 없다. 모두가 겪는 일이고 우리 같은 초보자만 겪는 고통이 아니다. 엘리트 선수들도 매일 한계에 직면한다.

여기서 원칙은 하나다. 한계점을 딱 한 번만 이겨내는 것이다. 더 이상 안 되겠다는 느낌이 들 때 이렇게 생각하자. '이제 한계점이 왔다! 여기서 딱 한 걸음만 나아가자. 한 걸음 정도는 내딜 수 있다!' 그렇게 한계점을 이겨낸다. 그리고 나서는 멈춰도 좋다.

여기서 탄력을 받았다면 한 번 더 진행해도 좋다. 사실 이전에 맞닥뜨린 한계점은 한계점이 아니었음을 깨달을 것이다. 고통스러웠던 순간이 어느덧 지나고 평온한 순간이 찾아온다. 그럴 땐 마음 편하게 더 나아가보자. 그렇게 한계를 깨고 성장해나가자.

이제 멈추고 생각하자. '오늘도 한계점을 이겨내고 성장했어!' 나의 한계점을 느낀 순간을 기억해야 한다. 고통을 이겨낸 그 성취감을 느껴야 한다. 의도적으로 더 느끼려고 해야 한다. 육체적 고통을 이겨내다 보면 다른 고통이 쉬워진다. 아무리 힘들어도 심폐 지구력을 키우는 것보다 힘든 일은 없다. '어제 달리기 훈련한 게 이것보다 더 힘들었어', '할 만한데?' 같은 생각이 들면 인듀어 지수가 올라간 것이다.

이제 고통은 피해야 한다는 마인드를 바꿀 수 있다. 패러다임 전환이 된 것이다. 앞으로 어떤 고통도 견딜 수 있다는 자신감이 생긴다.

신체 훈련으로 두뇌 지구력이 강해진 것이다. 무의식 안에 고통이 성장으로 각인돼야 한다. 그러면 생산적 고통을 더 이상 피해야 할 대상으로 여기지 않을 것이다. 참고로 지구력 훈련은 올바른 자세가 필수적이다. 필요하다면 전문가의 도움을 받기를 권한다. 잘못된 자세가 지속되면 부상의 위험이 크다.

달리기를 꾸준히 하며 다가오는 고비의 순간을 이겨보자. 정신력이 나날이 향상될 것이다. 어느 날 문득 포기하고 싶은 순간, '이제 그만할까?'라는 생각이 드는 순간 '이번만 꾹 참고 더 해보자'라고 생각하고 한 걸음만 더 나아가자.

당신이 마주한 심리적 전쟁을 승리로 이끌어가라. 당장이라도 멈추고 싶은 욕망을 끊어낼수록 자신에게 늘 지던 나약한 멘탈이 단단해질 것이다. 이 싸움에서 이기면 그 누구보다 강인한 사람이 되고 지면 영원한 패배자로 남게 된다. 전쟁의 현장에서 특수부대원은 특전사, UDT라고 불린다. 사회에서 특수부대원은 생산적 고통을 견디는 능력이 뛰어난 사람이다. 최고의 퍼포먼스를 만들고 싶은가? 경쟁자를 이기고 싶은가? 당신의 인듀어 지수가 최종 승자를 결정할 것이다. 지금부터 인듀어 지수를 높여보자. 새로운 세상이 당신의 앞으로 달려올 것이다.

1. 당신만의 지구력 훈련이 있나요? 있다면 무엇인가요? (예: 달리기, 수영 등)

2. 평소에 자주 겪는, 포기하고 싶은 특정 지점이 있나요? 구체적으로 적어보세요.

3. 그 지점에서 심리적 전쟁을 겪는 자신에게 어떤 말을 해주고 싶은가요? 한번 적어보세요.

4. 지구력 훈련을 당신의 일과에 포함하세요. 그리고 훈련을 할 때마다 달라진 변화를 적어보세요.

신경과학을 활용해
마인드를 바꿔라

"성장 마인드셋의 핵심은
도파민과 관련돼 있다."
_앤드루 휴버먼 Andrew Huberman

자, 이제 다시 처음으로 돌아가 생각해보자. 목표를 이루고 싶다면 무엇을 해야 하는가? 대부분 사람이 목표 달성 수준까지는 쉽게 도달하지 못한다. 희귀하고 높은 목표일수록 더 그렇다. 그러나 많은 사람이 원대한 목표를 세우고 한 번에 높은 곳에 도달하려고 한다. 여기서 좌절을 느끼고 포기하게 된다.

예전에 자기계발서를 보면 다음과 같은 문장이 많았다. '이렇게 해! 그러면 너도 성공할 수 있어.' '이게 성공한 사람들의 공통점이야!'

타인의 성공을 기반으로 그 원리를 전달하는 방식이다. 그러다 점점 심리학과 연결되어 보다 깊은 탐구가 이어졌고 현재는 신경과학이 자기계발 이론을 뒷받침한다. 신경과학에 바탕을 둔 자기계발 원리가 과학적으로 입증되면서 대중적으로 확산되고 있다. 그렇다면 성장 마인드셋은 신경과학적으로 어떻게 설명할 수 있을까?

성장 마인드셋은 뇌의 보상 시스템과 연관된다. 인간의 진화에 가장 큰 영향력을 미친 것은 도파민인데 결국 이 도파민을 어떻게 활용하는가가 성공을 가르는 핵심 요소가 된다. **즉 어떤 난관도 이겨내는 힘은 '의지'가 아니라 '도파민'에서 나온다.**

성장의 연쇄 효과를 만드는 도파민의 힘

우리가 작심삼일에 그치는 이유는 무엇일까? 사실 우리가 도달하려는 목표는 한순간에 만들어지지 않는다. 한 달, 때론 수십 년이 걸리기도 한다. 그렇기에 보상이 늦게 찾아온다. 이를 '보상 지연 오류' Reward Prediction Error라고 한다. 마음은 당장 이루고 싶다. 목표를 빨리 이루고 끝내고 싶다. 하지만 달성하기가 쉽지 않다. 달성하기까지 시간이 오래 걸리다 보니 보상이 늦게 찾아오고, 만족감을 충분히 느끼지 못한다. 그래서 쉽게 지치고 작심삼일에 그치게 된다.

성장 마인드셋에 중요한 역할을 하는 신경전달물질이 있다. 바로 도파민이다. 도파민은 우리 인간에게 쾌감을 안겨주는 신경전달물질이다. 목표를 성취했을 때 느껴지는 짜릿함이 바로 이 도파민 때문이다. 도파민이 중요한 이유는 무엇일까? 인간의 의욕, 행복, 기억, 운동 능력과 밀접한 연관이 있기 때문이다. 도파민은 인간에게 살아갈 의욕을 만들어주고 흥미를 부여한다. 무언가를 하겠다고 결심하거나 하고 싶다는 의욕을 느끼게 해준다. 뭔가를 해내고 얻는 성취감도 마찬가지다. 도파민이 없다면 세상에 존재하지 않을 감정이다.

마약은 바로 이 도파민을 극대화하는 약물 성분이다. 사실 도파민 중독은 매우 위험하다. 도파민에 중독되면 쾌감을 느끼는 역치가 올라가 무엇을 하더라도 재미없고 따분하고 지루해진다. 결국 평범한 일상이 무너진다. 마약으로 생기는 도파민 중독은 평범한 방식으로는 만족감을 느낄 수 없다. 성장 마인드셋을 갖추고자 한다면 절대적으로 피해야 한다.

도파민과 함께 알아야 하는 신경전달물질이 있다. 노르에피네프린 norepinephrine이다. 노르에피네프린은 우리가 스트레스를 받을 때 불안한 감정을 유발하는 물질이다. 우리는 '아, 불편해!'라고 느끼는 순간 곧장 편안함을 추구하려는 성향이 있다. '심심해!'라는 생각이 들면 흥미로운 것을 찾아 떠난다. 스트레스는 행동을 촉발한다. 그리고 이는 일시적이다.

노르에피네프린은 우리가 뭔가를 위해 노력할 때도 분비된다. 그리고 두려움을 느끼기 시작할 때도 찾아온다. 결국 우리가 어떤 목표를 달성하려고 노력하다가 '포기'하는 것은 우리의 신체를 노르에피네프린이 지배하고 있기 때문이다.

이 과정을 좀 더 자세히 살펴보자. 먼저 감정을 살펴보자. 목표를 세우고 도전한다. 반드시 이루겠다는 마음으로 시작한다. 하지만 오래가지 않는다. 두려움이 느껴진다. 실제로 해보니 생각보다 어렵고 해낼 수 없을 것 같아 불안하다. 부정적인 감정이 몰려온다. 이때 두뇌에서는 노르에피네프린이 분비된다. 스트레스를 받으면서 점점 평소 수준보다 많아지기 시작한다. 이 성분이 지배적이면 '포기'라는 단어가 머릿속에 떠오르게 된다. '더 이상 못 하겠어'라고 생각한다. 그리고 두뇌는 목표를 향한 행동을 멈추라고 지시한다. 결국 작심삼일이라는 현상에는 신경전달물질인 노르에피네프린이 숨어 있었던 것이다.

흥미로운 점은 이 신경전달물질은 도파민에 의해 상쇄된다. 따라서 포기하려는 욕구가 몰려올 때 도파민으로 억제해야 한다. 도파민은 노르에피네프린을 억제하는 효과가 있다. 그렇게 우리는 행동을 이어나갈 수 있다. 이는 성장 마인드셋에 가장 중요한 원리다.

그렇다면 도파민은 언제 분비될까? 이를 자유자재로 통제할 수 있다면 행동을 지속할 수 있을 것이다. 도파민은 무엇인가를 성취했을 때 강하게 분비된다. 원하던 시험에 합격하거나 간절했던 사업에서 성공했을때, 바라던 목표를 달성했을 때 대부분 사람에게서 도파민이 분비된다.

한 가지 오해는 목표를 달성했을 때만 도파민이 분비된다고 생각하는 것이다. 하지만 그렇지 않다. 목표를 향해 달려가는 과정에서도 분비된다. 소량의 도파민이 꾸준히 분비된다. 다시 말해 포기하고 싶은 시점에 도파민을 분비해서 행동을 유지할 수 있다는 의미다. 정말 그게 가능할까? 이 메커니즘을 알려면 우선 도파민의 특징을 파악해야 한다.

첫째, 도파민은 주관적이다. 객관적이지 않다. 제3자가 정한 기준을 통과해서 발생하지 않으며 개인에게 국한된다. 즉 자신의 기준에 의해 만들어진다. 그래서 심지어는 악행을 저지를 때도 도파민이 분비될 수 있다. 강도가 은행에서 돈을 훔치려고 들어갔다. 이는 사회적으로 지탄 받을 행동이다. 그러나 어떤 사람은 그 순간에도 도파민이 분비된다. 순전히 자신의 주관에 의해 도파민이 분비되는 것이다.

둘째, 인간은 도파민을 계속 원하는 경향이 있다. 우리가 중독에 빠지는 이유다. SNS나 유튜브 같은 짧은 콘텐츠는 도파민 분비를 강하게 유도한다. 그래서 자극적인 콘텐츠에 빠지고 그 즐거움을 유지하기 위해 계속해서 보게 된다. 유튜브, 쇼츠, 인스타그램, 릴스의 바다에 한 번쯤 빠져본 적이 있을 것이다. 1분도 되지 않는 영상을 보다 보면 30분이 훅 지나간다. 이는 도파민 분비가 지속되어 그 행동에 일시적으로 중독된 것이다.

도파민의 이 두 가지 특징은 우리에게 새로운 전략을 알려준다. 도파민을 지속적으로 분비시키는 전략이다. 그 방법은 정말 간단하지만 강력하다. 신경과학자 앤드루 휴버먼은 자신이 행동하는 것이 올바른 길이라고 생각될 때 도파민이 분비된다고 한다. 특수부대의 훈련 시스템은 노력과 행동에 보상을 연결하는 방식으로 이뤄진다. 할 수 있다는 외침은 포기를 막는다. 혼자 하면 포기에 이르기 쉽다. 하지만 옆에서 할 수 있다고 외치면 힘이 솟는다.

누군가가 가지 않은 길을 가는 느낌은 불안감을 조성한다. 그러면 우리는 스스로 이런 질문을 하게 된다. '내가 올바른 길을 가고 있나?' 여기서 우리가 답할 수 있는 건 두 가지다. 첫째는 '아니야. 이거 뭔가 잘못된 것 같아'이다. 두려움과 불안함이 엄습한 상태다. 자기 확신이 부족하다. 의문점이 해결되지 않고 그대로 남아 마음속에서 강해지면 포기를 선택하게 된다.

둘째는 '맞아. 나는 잘 가고 있어. 오늘 하루도 올바른 길을 가고 있어! 나는 틀리지 않았어!'이다. 자신이 가는 길에 대한 확신이다. 완벽하지 않을지라도 최선이라고 생각한다. 누군가는 틀렸다고 하지만 나는 올바른 길이라 믿고 있다. 나의 길은 내가 정한 것이다. 이는 포기하지 않고 행동을 유지하게 하는 생각이다.

바로 이것이 핵심이다. '맞아. 나는 잘 가고 있어. 오늘 하루도 올바른 길을 가고 있어! 나는 틀리지 않았어!' 나의 선택과 행동이 틀리

지 않았다는 말을 외쳐야 한다. 이것만으로도 우리의 몸속에는 도파민이 분비된다. 도파민은 내가 올바른 길을 간다고 믿을 때 우리 몸에 퍼진다. 목표의 크고 작음과는 상관없다. 결국 노력이 한계점에 부딪힐 때 정체성을 떠올리는 것이 행동을 지속하게 하는 힘인 것이다.

앞서 우리는 가치 판단의 기준을 설립했다. 정체성은 우리의 행동 기준이 된다. 한계에 부딪힌다면 다음과 같은 질문을 해야 한다. '내 정체성과 밀접한 행동을 하고 있는가?' 여기서 '올바른 행동'이라면 '좋아. 난 누구보다 더 의미 있는 삶을 살아가고 있어'라고 답한다. 그러면 도파민이 분비된다. 지치지 않고 계속해서 앞으로 나아갈 힘이 생긴다.

이 과정이 반복되면 신경가소성이 발현된다. 우리의 경험이 신경계에 변형을 일으키는 것이다. 새로운 자극이 변형을 일으켜 그 감각을 더욱 느낄 수 있는 상태가 된다. 새로운 신경회로가 만들어지고 더 강화되어 행동을 계속하게 된다. 성장의 연쇄 효과다.

도파민으로 몰입을 극대화하라

우리는 같은 시대를 살면서 남다른 성공, 위대한 성취를 이뤄낸 사람들을 보며 이렇게 생각한다. '나도 저렇게 되고 싶다.' 하지만 그들이 한 인터뷰에는 그간의 고통이 잘 담기지 않는다. 그래서 본능적으로 쉽게 해냈으리라고 생각한다. 물론 어려웠으리라 생각할 수는 있지만 대략적인 상상에 그친다. 그들이 실제로 한계점에 부딪혀 좌절하는 과정은 알 수 없다.

성장은 하루아침에 일어나지 않는다. 매일 성장이 쌓이다가 특정 지점에서 폭발적인 결과물로 나타난다. 누군가의 폭발적 성장이 대단해 보이는가? 특별한 지식이 그들을 그렇게 만들 수 있다. 특정 분야의 기술은 지식과 역량을 만나 성장으로 나타난다. 종종 6개월 만에 월 1,000만 원 수입을 달성했다는 사람들을 보곤 한다. 이는 종합예술작품에 가깝다. 한 분야만 잘한다고 해서 나타날 수 있는 결과가 아니기 때문이다. 결국은 개인의 역량이 기본적으로 뒷받침되어 있기에 가능했다. 그리고 그들은 자신도 모르게 역량을 쌓아가는 하루하루를 보냈기 때문에 그런 역량을 갖출 수 있었다.

행동을 유지하는 것은 행동과학 측면에서 바라보면 습관이며 신경과학적으로 바라보면 도파민의 지속적인 분비다. 즉 그 행동을 지속하는 습관을 만든 것은 결국 도파민을 분비하는 방법이다. 그 방법은 간단하다. 자기 대화를 통해 올바른 길임을 확신하는 것이다. 목표로 나아가는 길이 올바른 길이라는 확신을 가질 때 도파민이 분비된다.

작심만일을 이루기 위한 버전으로 생각 해보자. 우리가 목표를 세운 이유는 무엇인가? 정체성에 도달하기 위함이다. 정체성은 나의 존재 목적이자 가치 판단의 기준, 이상향이다. 내 인생의 기준점이다. 따라서 우리는 정체성을 실현하기 위해 목표를 향해 달려간다. 때로는 몰입이 잘 되는 날이 있다. 그 어느 때보다 성장한 기분이 들어 뿌듯하다. 즐거운 하루를 보낼 수 있다. 하지만 어떤 날에는 집중이 되지 않는다. 생각보다 성과도 낮고 불안한 감정이 든다. 이는 최종 목적지에 도달했을 때 얻는 보상이 늦기 때문이다. 과연 달성할 수 있을지 의문이 들고 간절할수록 더 초조해진다. 그럴 때마다 이렇게 생각해야 한다.

'지금 내가 하는 이 행동이 나의 정체성에 부합하는 것인가?'

'내가 하는 이것이 내 정체성에 도움이 되는가?'

'내 최종 목적지와 일치하는가?'

정체성을 향한 길인가? 타인에 의해 만들어진 길이 아닌가? 내가 원치 않은 삶의 방향은 아닌가? 나의 최종 목적지에 도달하기 위한 행동인가? 지금 나의 행동이 올바른 길이라면 다음과 같이 생각하길 바란다.

'나는 누구보다 나를 위한 길을 잘 가고 있어.'

아무것도 아닌 것 같은 자기 확신이다. 언어 자체에는 힘이 없다. 진심으로 그렇게 느낄 때 가치가 있다. 그럼으로써 우리는 지치지 않고 앞으로 나아갈 수 있다.

이렇게 스스로 확신하고 목표를 추구하는 과정을 체화하라! 당신이 하는 일에 한계가 사라질 것이다. 단순히 당신의 의지가 아니다. 습관도 아니고 무의식도 아니다. 모든 인간의 감정과 행동을 지배하는 도파민이 당신의 성공을 도와줄 것이다.

작심만일 실천법

1. 목표를 향한 투두리스트를 작성해보세요.

2. 힘들고 지치고 포기하고 싶을 때가 있나요? 언제 그런 생각이 드나요?

3. 그런 감정이 들 때 '내가 가고 있는 길이 맞는 길인가?'라고 질문해보세요. 내가 가고 있는 길이 나의 정체성, 목표, 최종 목적지와 일치하는 방향인가요?

4. 지금의 행동이 나의 정체성과 부합한다면 '긍정 답변'을 해보세요.

5. 긍정 답변을 했을 때 어떤 감정이 들었나요? '긍정 감정'을 느껴보세요.

지금 당장 '생각'을
'행동'으로 바꿀 수 있다

"정보의 풍요가 주의력의 빈곤을 만든다."
_허버트 사이먼 Herbert Simon

폭발적인 추진력은 목표 달성에 필수적이다. 목표를 향해 달려가다 보면 주변에 수많은 유혹이 도사리고 있음을 알 수 있다. 당장에 스마트폰이 없다면 일상생활이 불가능하다. 스마트폰은 우리의 삶에서 이미 너무 많은 자리를 차지해버렸다. 클릭 한 번이면 약속 장소를 바로 검색할 수 있고, 내 일상을 공유하는 인스타그램도 할 수 있다. 친구들과 연락하지 않아도 그들의 일상을 들여다볼 수 있다. 유튜브를 통해 예능 클립도 볼 수 있다. 이전에는 예능 풀 버전을 다 봐야 해서 부담스러웠지만 이제는 재미있는 부분만 따로 떼어서 빠르게 볼 수 있다. 이처럼 일상에서 굉장히 유용하게 사용할 수 있어 우리는 스마트폰에 더욱 의존하게 되었다.

그러나 목표를 달성하려면 한 가지 대상에 충분히 집중해야 한다. 집중은 퍼포먼스에 직접적인 영향을 미친다. 주변의 모든 것에 집중한다는 건 굵직한 목표를 달성하지 않겠다는 말이나 마찬가지다. 이는 원씽의 개념과 같다. 심리적 방해 요소를 모두 제거하고 집중해야 할 것에 집중한다. 그리고 두뇌가 생각하기도 전에 행동한다.

뛰어난 사람들은 복잡한 세상을 단순하게 만드는 능력이 있다. 가장 핵심적인 요소만 뽑아 전부를 설명할 수 있는 원리로 단순하게 바라보는 것이다. 우리의 일상도 단순하게 만들자. 이것이 행동력을 극대화하는 방법이다.

여기서는 오만 가지 생각에 빠지는 이유와 이를 해결할 훈련법을 설명할 것이다. 먼저 나를 방해하는 요소를 구분할 수 있어야 한다. 내 인생에서 무엇이 소중할까? 내게 적합한 걸 구분하는 능력은 매우 중요하다. 인생의 기준점을 정했다면 이를 적극적으로 활용해야 한다. 기준점을 만드는 이유는 판단을 내리기 위함이다.

당신의 추진력을 폭발시키는 두 가지 원칙

인간은 한 시간에 2천 가지 생각, 하루에 5만 가지 생각에 빠진다고 한다. 말 그대로 오만 가지 생각이다. 하루에도 수많은 잡념이 떠오른다. 예를 들면 다음과 같은 생각들은 말 그대로 한순간에 우리 머릿속을 스친다. '배고프다.' '뭐 먹지?' '오늘 일하기 싫다.' '아, 퇴근하고 싶다.' '이거 먹으면 살찌겠지?' '운동하기 귀찮아.' '어떤 운동을 하지?' '언제 코로나 없어지냐.' '마스크 답답하다.'

우리의 마음은 늘 번잡하다. 물론 다양한 생각을 할 수 있다는 장점도 있다. 그러나 무엇이든 지나치면 문제다. 오만 가지 생각은 우리의 집중과 선택을 방해한다. 불필요한 부분을 정리하고 한 가지에 집중해야 한다. 폭발적인 추진력을 끌어내려면 다음과 같은 원칙을 지켜야 한다.

1. 나만의 기준 만들기

한 가지에 집중해야 한다고 해서 마구잡이로 선택할 순 없다. 속도도 중요하지만 정확성도 필요하다. 자신만의 기준을 설정해야 한다. 우리는 이미 기준을 설정하고 왔다. 가치 판단의 기준, 바로 정체성이다. 정체성은 우리의 가치 판단 기준이 된다.

내가 유튜브를 목표로 선택한 것은 정체성 때문이었다. 콘텐츠 플랫폼은 많다. 대표적으로 블로그, 인스타그램, 유튜브가 있다. 이 세 가지 선택지에서 가장 올바른 선택은 무엇일까? 무엇을 선택해야 내게 가장 이로운 선택이 될까?

나의 정체성에는 '모든'이라는 단어가 있다. 모든 사람, 남녀노소가 가장 많이 사용하는 플랫폼이 필요했다. 세 가지 플랫폼 중 유튜브를 가장 많은 사람이 이용하고 있었고 그래서 유튜브를 선택했다. 물론 더 다양한 측면을 고려했다. 궁극의 목표 원칙에 위배되지 않는지도 살펴봐야 한다. 다만 결정의 큰 기준점은 정체성이다. 그것이 나아가야 할 방향이기 때문이다.

2. 선행동 전략

이제 우리는 가치 판단의 기준, 즉 정체성을 근거로 해야 할 일을 명확히 정했다. 그리고 불필요한 모든 것을 정리했다. 남은 것은 모두 정체성과 관련되었다. 정당성이 명확히 부여된 행동을 하기만 하면 된다. 모든 것은 준비되었다. 그런데 정작 몸이 움직이지 않는다. 해야 할 것을 아는데도 왜 행동하지 않는 걸까?

머릿속에 생각이 들어가는 순간 우리는 주저하게 된다. 모든 생각이 행동하는 것을 방해한다. 우리는 행동을 왜 주저하는가? 과거의 경험, 걱정이 끼어들기 때문이다. 이전에 겪었던 두려움이 떠오른다. 많은 사람 앞에서 발표했을 때 쉽지 않았던 경험이 떠오른다. 생각만 해도 식은땀이 흐르고 손이 떨리기 시작한다. 결국 발표할 기회를 놓친다. 생각은 행동에 제동을 건다.

진화심리학 관점으로 보면 감정은 조상들의 자연선택에 의해 이뤄졌다. 우리는 왜 두려움을 느끼는가? 두려움을 느끼지 못하면 맹수의 공격이나 자연재해를 피하기 어려웠고 죽을 수도 있었다. 이 역시 자연선택에 따른 반응이었던 것이다. 그러나 지금은 유효하지 않다. 실패는 죽음과 직접적으로 연관되지 않는다.

부정적인 감정을 증폭시키는 건 나를 보호하는 데 도움이 되지만 이는 성장을 방해하는 요소이기도 하다. 목표를 향해 달려가다 보면 부족한 자신이 드러나고 이를 인정해야 할 때가 많다. 여기서 이겨내지 못하면 성장이 더딜 수밖에 없다. 때로는 자신의 한계점을 더욱 뚜렷하게 만들기도 한다.

이런 심리적 기제를 이길 수 있는 방식은 여러 가지다. 앞서 살펴본 패러다임 전환도 한 가지 방법이다. 그러나 행동할 수 있는 가장 효과적인 방법은 생각이 들어갈 틈을 아예 만들지 않는 것이다. 이른바 '선행동' 전략이다. 일단 해야 하는 업무를 한다. 그리고 그 후에 피드백을 하는 방식이다. 예를 들면 6시 아침에 알람이 울린다. 우선 창문을 열고 기지개를 켠다. 그런 다음 물 한 잔을 마시고 세수를 한다. 여기까지 생각의 틈이 생겨서는 안 된다. 기계적인 행동이어야 한다. 그리고 출근하며 생각한다. '오늘 아침에 6시에 일어나 했던 아침 루틴은 괜찮았나?' 한 국면이 지나고 나서 피드백을 한다. 부족한 부분이 있다면 채워 넣고 불필요한 부분이 있다면 정리한다.

이제 해야 할 일들은 모두 정해졌다. 궁극의 목표를 세웠고 이를 5단계로 세분화했다. 한 달 안에 달성해야 할 목표가 생겼다. 이를 어떻게 달성할 수 있을지 7단계 프로세스를 거쳤다. 해야 할 일이 구체화되었고 이 과정은 나의 이상향에 도달하기 위한 가장 중요한 과업이다. 포기하고 싶을 때는 정체성을 기준으로 과업에 정당성을 부여한다. 그리고 선행동 전략으로 행동력을 극대화한다. 다음 소개할 5초 룰은 이를 도와줄 도구다.

《5초의 법칙》의 저자 멜 로빈스Mel Robbins는 다음과 같이 말한다. '5, 4, 3, 2, 1'을 외치고 행동하는 것이다. 5초 안에 결정을 내리는 것이다. 이는 두뇌가 관여하기도 전에 행동으로 옮기는 원리다. 5부터 숫자를 역으로 세는 순간 우리는 변명과 멀어진다. 4부터는 숫자가 줄어드는 것에 저절로 집중하게 된다. 3, 2, 행동의 시간이 다가온다. 1, 0! 행동한다. 정말 단순한 원리다. 하지만 강력하다.

이 과정만 익숙해져도 추진력이 극대화된다. 더 성장하고 싶다면 시간을 더욱 줄인다. 4초, 3초까지도 줄여보자. 이마저 익숙해졌다면 숫자를 세지 말자. 역으로 초를 세지 않고도 바로 행동할 수 있다. 어떤 행동을 하려는 순간 생각이 들어오려는 느낌을 인지하자. 뭔가 행동을 제한할 것 같은 생각이 드는 순간이다. 그전에 재빨리 행동해버리는 것이다.

목표를 달성하는 여정을 정체성을 기준으로 정리했는가? 필요한 행동만 남겨두었는가? 그렇다면 선행동 전략을 구사하라. 흥미로운

"인생을 바꾸는 데는 5초면 충분하다."

_멜 로빈스

점은 행동하기 전에 느끼는 감정이다. 피곤하고 힘들고 귀찮은 느낌이 들 것이다. 그러나 그런 감정들은 정말로 미세해서 생각보다 별것 아니었음을 느끼고 계속 행동하게 된다.

정체성과 관련된 일인가? 그러면 선행동 전략을 활용하자. 폭발적인 추진력은 대단하지 않다. 오히려 단순하다. 행동에는 기준이 있어야 한다. 무작정 행동하는 것은 옳지 않다. 가치 판단의 기준은 정체성이다. 이를 기준으로 가장 적합한 것을 구별할 수 있어야 한다. 단 하나의 목표를 도출할 때가 대표적인 예다. 이를 의사결정에도 그대로 도입할 수 있다.

대부분 사람은 잃는 것을 두려워한다. 인간의 보편적인 심리 기제다. 하지만 잃는 것이 있어야 더 소중한 가치가 들어올 수 있다. 불필요한 것은 과감하게 버려야 한다. 우리의 마음속에는 불필요한 것들이 너무나도 많다. 그래서 행동이 더디고 결국 생각만 하다가 끝나는 경우가 자주 발생한다.

목표를 향해 달려가는 속도는 여러 가지 요인이 좌우한다. 올바른 길을 찾는 것은 당연하다. 달려가는 속도 자체가 빨라져야 한다. 그럴수록 마인드셋이 더더욱 흔들리지 않는다.

1. 오늘 당신이 해야 하는 7단계 프로세스는 무엇인가요?

2. 의도적으로 5초 룰을 적용해서 행동해보세요. 어떤 결과가 있었고, 그 과정에서 어떤 감정이 들었나요?

3. 행동을 주저했던 경험과 5초 룰을 적용한 경험을 비교해보세요.

4. 먼저 행동하기를 통해 자신이 성장했다는 긍정적인 감정을 느꼈나요? 어떤 긍정적인 감정이 들었는지 적어보세요.

5. 내일 해야 할 7단계 프로세스에 5초 룰을 적용하는 과정을 생생하게 상상해보세요.

마인드셋

성공의 주파수에
강하게 진동하라

"우주의 비밀을 알고 싶다면
주파수, 에너지, 진동수에 대해 생각해야 한다."
_니콜라 테슬라Nikola Tesla

당신은 오늘 하루를 어떻게 보내고 있는가? 이제 당신이 해야 할 모든 것이 정해졌다. 가장 이상적인 삶은 어떤 삶인가? 이제는 원하는 삶을 단 한 문장으로 답할 수 있다. 정체성에 충실한 삶을 살아가는 것이다. 나의 인생을 정체성을 향한 삶으로 세팅해야 한다.

그렇다면 미래를 향한 준비를 충분히 하고 있는가? 아마 대부분 그렇지 않을 것이다. 우리는 지금까지 순간의 쾌락을 선택해왔다. 예를 들면 오늘 퇴근 후 스마트 스토어 준비를 해야 한다고 하자. 오늘 반드시 해야 할 할당량이 있다. '오늘 이것만 끝내면 나는 창업의 꿈에 다가갈 수 있어.' 오후 5시가 되었다. 슬슬 퇴근 준비하는 사람들이 보인다. 그런데 친구들에게 연락이 오기 시작한다. '아, 오늘 그냥 집에 가기 아쉽다.' 갑자기 마음이 설레기 시작한다. 오랜만에 친구들과 술 한잔하며 시간을 보내고 싶다. 일주일 동안 열심히 살았는데 오늘 하루 정도는 괜찮지 않을까? 그렇게 친구들을 만나 술자리가 이어지자 다음 날까지 숙취에서 빠져나오지 못하게 된다. 미래를 향한 준비는 이틀 연속 타격을 받는다. 이렇게 성장의 흐름이 끊긴다.

이런 경우도 있다. 친구들과의 술자리 유혹은 이겨냈다. 퇴근 후 집에 도착했다. 오늘 종일 일만 해서 피곤하다. 몸도 지치고 쉬고 싶다는 생각이 든다. 그러던 중 오늘 점심시간에 동료들의 대화가 떠오른다. 요즘 넷플릭스 신작이 재밌다는 말이었다. 사람들 대부분이 그 드라마를 알고 있어 그 이야기가 나오자 나만 소외된 것만 같았다. 생각이 난 김에 드라마 한 편을 보면서 휴식해야겠다고 마음먹는다. 딱 한 편만 보기로 마음먹었다. 과연 어떻게 됐을까? 결말은 뻔하다. 드라마에 완전히 빠져 결국 여러 편을 보고 만다. 그렇게 또다시 성장의 선로를 이탈한다.

분명 내 인생에서 가장 소중한 가치를 세웠다. 그러나 생각보다 잘 지켜지지 않는다. 어떻게 해야 할까? 어떻게 해야 오늘 더욱 성장하는 하루를 보낼 수 있을까?

니콜라 테슬라가 바라본 우주의 비밀

과학자 니콜라 테슬라는 모든 만물이 에너지, 진동, 주파수로 이뤄져 있다고 주장했다. 만물이 각자의 고유의 주파수에서 진동하고 그 진동의 울림은 에너지로 전해진다는 것이다. 당연히 인간에게도 고유의 주파수가 있다. 우리는 특정 주파수로 진동하고 그 울림은 에너지가 되어 주변에 퍼진다.

당신은 어떤 사람과 가까이 있는가? 주변을 살펴보자. 늘 부정적인 말만 입에 담거나 내 선택과 결정을 비난하는 등 내게 부정적인 영향을 주는 사람이 있다. 이는 친구일 수도 있고 가까운 가족일 수도 있다. 반대로 늘 어제보다 나은 오늘을 꿈꾸며 어려운 상황에서도 긍정적으로 생각하는 사람이 있다. 이런 사람은 늘 부정적인 말만 일삼는 사람과는 결이 맞지 않는다. 그들은 서로 다른 주파수로 진동하고 있다.

성공하고 싶은가? 그렇다면 성공의 주파수에 나를 맞춰야 한다. 라디오에서 특정 방송을 들으려면 주파수를 정확히 맞춰야 한다. 그렇지 않으면 잡음만 들릴 뿐이다. 나는 어떤 주파수를 갖고 있을까? 정체성은 바로 내 고유의 주파수다. 나의 가장 소중한 감정이 담겨 있으며 내가 살아가는 이유다. 이를 기반으로 행동할 때 나는 내 고유의 주파수로 진동하고, 그 울림은 에너지가 되어 세상에 전달된다.

내가 운영 중인 유튜브 '작심만일'도 마찬가지다. 이는 내 고유의 주파수에서 발산된 에너지다. 나는 유튜브에서 내 인생관을 공유했다. 인생에서 가장 소중한 가치가 무엇인지 콘텐츠화했다. 이 주파수는 유튜브 알고리즘을 타고 강하게 진동해 내 콘텐츠에 공감할 사람에게 전해진다. 내 에너지는 이렇게 전달되고 여기에 공감하는 사람들은 구독을 누른다. 나와 함께하는 사람들을 끌어당긴 것이다. 반면 나와 다른 주파수를 가진 사람은 구독하지 않거나 더 멀어지게 된다.

좋은 영향력도 같은 의미다. 세상은 고유의 주파수, 진동, 에너지로 표현될 수 있다. 그리고 그것을 느끼는 사람, 사물, 가치는 당신에게 가까워진다. 어떤 분야에서 성공하고 싶은가? 그 분야의 성공 주파수에 강하게 진동하라! 그러면 그 에너지는 나 자신뿐만 아니라 다른 사람들에게도 전달된다.

부자는 왜 그들끼리 친해질까? 같은 주파수를 갖고 있어 서로의 사고방식을 존중해주기 때문이다. 그래서 그들은 서로에게 편안함을 느끼고 말 그대로 '주파수가 맞다'고 표현하기도 한다. 다른 주파수인 사람들을 만나면 분열이 생길 가능성이 크다. 각기 공감의 포인트가 다르며 심지어 시기나 질투를 하기도 한다.

이것이 끌어당김의 법칙이다. 그러나 여기엔 큰 함정이 있다.

끌어당김의 법칙에 도사린 함정

"저는 아무리 상상해도 끌어당겨지지 않아요."

끌어당김의 법칙은 그동안 많은 오해를 불러일으켰다. 뚜렷하게 상상만 하면 내가 원하는 것들이 다가온다는 것이다. 하지만 과연 그럴까? 사실 끌어당김의 법칙에는 함정이 있다.

끌어당김의 법칙은 에너지를 극대화해 내 열망의 근원을 찾고 이를 끊임없이 되뇌어 무의식에 각인하는 방법이다. 이는 단단한 마인드셋을 가질 수 있도록 도움을 준다. 행동을 제약하는 방해 요인을 줄이고 본성과는 다른 성공 요인을 체화한다. 전에는 목표를 바라보면 두려움이 몰려왔었다. 하지만 이제는 도전할 수 있다. 이처럼 끌어당김의 법칙은 퍼포먼스에 엄청난 영향을 미친다. 그러나 목표 달성은 에너지와 마인드셋만으로는 해결할 수 없다.

끌어당김의 법칙은 문제 해결 능력을 설명하지 못한다. 어떻게 해야 가장 효율적인지 구분해주지 않는다. 에너지, 마인드셋은 내 행동을 관장하는 강력한 방법이다. 다만 완벽하지 않다. 끌어당김의 법칙을 모두 적용했지만 큰 변화가 없다면 방향성과 행동력을 개선해야 한다.

끌어당김의 법칙은 실제로 변화를 만들어내는 능력까지 관여하지는 않는다. 또한 올바른 길을 가고 있는지 구분해주지 않으며 목표의 본질을 찾아주지 않는다. 이는 다양한 경험을 통해 길러질 수 있다. 강렬하게 바라는 감정만으로 해결하지 못하는 부분이다. 직접 대상을 분해하고 행동함으로써 성장하는 영역이다.

무엇보다 올바른 방식이 아닐 가능성이 크다. 문제 해결 능력이 부족한 것이다. 이 상태에서는 아무리 끌어당기려 해도 결과가 다가오지 않는다. 에너지 능력치 100, 마인드셋 능력치 50, 문제 해결 능력이 10이라면 5만이라는 결과를 만들 수 있다. 반면에 에너지 50, 마인드셋 50, 문제 해결 능력 50이면 12만 5,000이라는 결과를 만든다.

- 에너지(100) × 문제 해결 능력(10) × 마인드셋(50) = 50,000
- 에너지(50) × 문제 해결 능력(50) × 마인드셋(50) = 125,000

즉 에너지가 낮더라도 전체적인 밸런스가 좋으면 유리하다. 결과에서 압도적인 차이를 만들어낼 수 있다. 그러나 에너지가 아무리 높아도 문제 해결 능력이 낮다면 전체 퍼포먼스는 늘어날 수 없다.

끌어당김의 법칙은 강력하다. 인간의 열망을 끌어내는 가장 강력한 방법이지만 한계가 있다. 가장 효율적인 길을 찾아주지 못하며 에너지, 마인드셋에만 영향을 준다. 물론 끊임없이 도전하면 언젠간 당겨질 것이다. 그러나 언제까지 기다릴 수 있을까? 본질을 찾지 못하면 1개월에 끝낼 것도 1년이 지나도 이루지 못한다. 강한 열망이 있다면 5년까지도 그 열망을 유지할 수 있다. 그러나 대부분 사람이 1개월 안에 끝낼 수 있는 것을 5년 만에 이룬다면 끌어당김의 법칙이 효과가 있다고 할 수 있을까?

누구나 빠른 성장을 원한다. 길이 막히는 것을 좋아하는 사람은 없다. 우리의 인생은 유한하기 때문이다. 끌어당김의 법칙은 필수적이다. 다만 모든 것을 해결해주지 않는다는 점을 명심하자. 결국 퍼포먼스는 모든 측면에서 조화를 이뤄야 한다.

정체성은 내 인생의 최상의 가치다. 이를 계속해서 반복하고 내 삶에 적용해서 나아가는 사람만이 내 고유의 가치를 끝까지 가져갈 수 있다. 그러나 이와 별도로 내 주파수의 진동을 강화하는 방법은 있다. 바로 '확언'이다.

인생의 터닝 포인트를 만드는 방법 1. 확언

힌두교 사제 단다파니Dandapani는 확언을 제안했다. 확언의 사전적 정의는 '확실하게 단정해서 말하는 것'이다. 산스크리트어로 '만트라'mantra라고도 한다. 힌두교 사제들은 108개의 알을 꿴 염주를 활용한다. 염주 알을 하나씩 만지며 108번의 확언을 하는 것이다. '나는 행복하다', '나는 자신감이 넘친다'와 같은 말이다. 그렇게 무의식을 프로그램화한다. 여기에는 규칙이 있다. 확언은 간결한 언어, 시각화, 상응하는 감정이 담겨야 한다. 이 세 가지 확언의 조건은 주파수의 진동을 더욱 강하게 해서 에너지를 발산하게 한다.

1. 간결한 언어

확언의 첫 번째 조건은 간결한 언어다. 모호하거나 장황한 표현이 아니다. 내가 무엇을 원하는지 명확하게 정의할 수 있어야 한다. 그리고 단순해야 한다. 예를 들어 유튜브, 인스타그램, 블로그 분야에서 모두 성공하겠다는 목표를 세웠다고 하자. 이는 세 가지 의미 덩어리로 나뉘며 간결하지 않다. 중복은 제외해야 한다. 의미 덩어리가 많다면 몇 가지로 줄여야 한다. 한눈에 그릴 수 있어야 하고 표현을 간결한 언어로 바꿔야 한다. 간결한 언어를 쓰면 하나의 뚜렷한 의미 표현이 가능하다.

2. 뚜렷한 시각화

언어는 매개체다. 언어는 눈과 귀로 들어와 우리의 내면을 자극해 지금까지의 경험과 기억에 노크한다. 또한 언어는 상상력을 자극한다. 따라서 단순히 의미를 담은 단어에서 끝나지 않고 시각화까지 이어져야 한다.

'나는 사과를 좋아해.' I LOVE APPLE.

이 문장을 보면 무엇이 가장 먼저 떠오르는가? 누군가는 먹는 사과를 가장 먼저 떠올린다. 사과의 종류는 아오리, 홍옥, 홍로, 부사, 꿀사과 등 다양하다. 또는 애플 기업을 떠올렸을 수 있다. 주식을 떠올렸을 수도 있고 애플의 제품을 떠올렸을 수도 있다. 맥북, 아이폰, 아이패드, 에어팟을 생각한 사람도 있을 것이다. 이처럼 사과라는 단어 하나는 많은 것을 떠오르게 한다. 당신은 어떤 것을 생각했는가?

단어는 불명확하다. 맥락을 담기 어렵다. 따라서 확언을 만들 때는 그 문장이 담고 있는 가치를 선명한 이미지로 떠올릴 수 있어야 하며 말할 때 이미지가 정확하게 떠오르는 표현이어야 한다.

3. 상응하는 감정

간결한 언어로 표현하고 시각화하는 이유다. 가장 중요한 포인트다. 이미지에 내 소중한 감정이 담겨 있어야 한다. 감정이 느껴지지 않으면 아무런 의미가 없다. 아무리 고급 주택을 아름답고 구체적으로 묘사한다고 해도 감흥을 느끼지 못하면 소용이 없다. 지금까지 겪었던 좋은 감정, 행복, 쾌감, 안정감, 만족감 등 다양한 긍정적 감정이 있을 것이다. 그 감정을 한 문장, 한 이미지에 담아보자.

확언은 간결하며 뚜렷한 이미지가 그려져야 한다. 그리고 이를 떠올리면 긍정적 감정이 함께 느껴져야 한다. 이는 인간의 에너지를 극대화하는 방법이다. 내 고유의 주파수 진동을 강화해서 강한 에너지를 발산한다. 긍정적이고 강력한 에너지는 어떻게 계속 만들어질까? 사실 원리는 간단하다. 그래서 우리가 늘 간과한다.

인생의 터닝 포인트를 만드는 방법 2. 명상

결국 오늘 하루 어떻게 정체성과 연관된 삶을 충실히 살아갈지가 내 삶을 풍요롭게 만들어가는 핵심이다. 터닝 포인트는 전환점이다. 한 시점에서부터 변화하기 시작한다. 무의식 충돌, 생산적 파괴는 직접 경험해도 좋지만 상상으로도 할 수 있다. 이를 무의식 프로세스에서는 시뮬레이션이라고 한다.

지금까지 과정을 충실히 거쳤는가? 그러면 내가 어떻게 살아야 하는지 답이 나온 상태다. 가장 먼저 정체성을 정했다. 내 인생의 종착지로 가장 소중한 감정을 불어넣었다. 나의 존재 목적이다. 이 정체성에 담은 소중한 감정을 떠올려보자. 내 인상적인 과거 경험을 통해 내가 어떤 감정을 가장 소중하게 여기는지 되돌아보자. 이를 어떻게 이뤄나갈 것인가? 그리고 내가 진정으로 원하는 지향점은 무엇인가?

정체성은 다양한 의미 덩어리가 있다. 그리고 추상적이다. 확언의 조건에 적합하지 않다. 우리는 정체성이 투영된 구체화된 결과를 정의했다. 바로 목표다. 궁극의 목표와 이를 세분화한 목표가 있다. 이는 모두 정체성을 구체화한 결과다. 우리가 첫 번째로 확언해야 할 대상은 바로 이 목표다.

우리는 이전에 궁극의 목표를 설정했다. 나의 정체성을 구체화한 결과다. 최종 단계이며 이를 이룬다면 이상향을 실현하는 것이다. 목표는 간결한 언어로 표현할 수 있다. 이미 의문이 들지 않는 방식으로 목표를 설정했다. 간결한 언어가 완성된 상태다. 여기에 이미지를 선명하게 그려보자. 특정 상황을 촬영했다고 생각해도 좋다. 그 순간을 기억할 수 있는 모든 것을 그려본다.

예를 들어 지금 궁극의 목표 2단계를 진행 중이라고 하자. 내가 목표로 세웠던 사례를 들어 살펴보면 자기계발 5위에 들어가는 베스트셀러 작가를 목표로 달려야 한다. 나는 이렇게 시각화한다. 새로고침을 여러 번 한다. 내가 지금 보고 있는 것은 서점 사이트로 YES24, 교보문고에 접속한다. 자기계발 분야로 들어간다. 내 책의 순위가 어떻게 변화하는지 지켜보고 있다. 내 책이 목표했던 자기계발 베스트셀러 5위에 올라갔다. 주먹을 불끈 쥐고 외친다. "역시 나는 본질을 찔렀어!"

강남 교보문고에 직접 나가본다. 특유의 디퓨저 향이 난다. 설레는 마음으로 들어간다. 걸음은 당당하다. 자기계발 베스트셀러 매대에 가본다. 베스트셀러 매대에 내 책이 올라와 있다. 한동안 물끄러미 쳐다본다. "역시나 진짜구나! 내가 지금까지 준비한 게 옳았어!"

오랜 기간 이어온 독서 모임에서 사람들에게 내 책을 전달한다. 부족하지만 베스트셀러 책을 전달한다는 마음을 가진다. 그리고 내 책으로 도란도란 이야기를 나눈다.

작가로서 성장기를 담아 강연을 한다. 많은 사람이 초롱초롱한 눈빛으로 나를 쳐다본다. 성장과 성공을 꿈꾸는 사람들이다. 이들에게 영감을 전달하고 터닝 포인트를 선물한다. 전율이 흐른다.

이렇게 나는 목표를 시각화한다. 그리고 짜릿한 감정을 느낀다. 모든 감각을 느끼며 생생하게 그린다. 이것이 에너지를 극대화하는 방식이다.

정체성을 설정한 후 내가 가야할 방향은 이제 명확하다. 나는 이 정체성에 나에게 가장 소중한 감정을 담았다. 내가 도달하고 싶은 지향점도 설정했다. 오늘 하루가 정체성을 실현하는 삶을 살았다면 그만큼 좋은 것도 없다. 하지만 아직은 익숙하지 않다. 기존에 갖고 있던 습관들이 남아 있던 탓이다. 아직 무의식에 각인되어 있다. 계속해서 원하지 않은 행동이 튀어나온다. 끝내야 할 일이 있지만 넷플릭스나 유튜브에 손이 간다.

이를 극복하는 강력한 방법이 확언이다. 방향성을 잃은 나를 교정해주고 선로를 이탈하지 않게 한다. 하루를 시작하기 전에 먼저 하루를 살아갈 방식을 그려보자. 아주 구체적으로 상상해본다. 그리고 그 행동을 한 뒤 생기는 감정을 느껴보자.

하루를 200% 활용하는 법: 투두리스트와 낫투두리스트

투두리스트 TO-DO-LIST

이제 우리는 에너지가 충만한 상태다. 이 에너지는 어떻게 활용되어야 할까? 지금까지 목표 달성 프로세스를 진행했다. 목표의 본질을 찾고 벤치마킹을 분해한 뒤 실제 행동으로 옮겼다. 그 행동을 투두리스트로 표현해보자. 목표를 달성하기 위해 오늘 해야 하는 행동이다.

'베스트셀러 책 한 권 완독하고 분해하기'

이 행동을 하기 전까지 모든 과정을 상상한다. 그리고 이 행동을 했을 때를 상상한다.

알람을 듣고 잠에서 깬다. 서재방으로 바로 간다. 물 한 잔을 마신다. 바깥 공기가 들어올 수 있도록 창문을 열어둔다. 기지개를 켜고 가볍게 세수만 한다. 그리고 심호흡을 한다. 윔호프Wim Hof 호흡법으로 정신을 깨운다. 대략 10분이 걸린다. 곧바로 오늘 해야 하는 업무를 진행한다. 아이패드로 글을 읽어나간다. 대략 두 시간이 걸릴 예정이다. 조금 읽기 힘들 때는 잠깐 쉰다.

우리가 행동을 주저하는 상황을 생각해보자. 항상 예상하지 못한 상황이 벌어진다. 갑자기 생기는 약속 같은 일은 두뇌에 스트레스를 유발한다. 해야 할 일을 포기하게 만드는 요인이다. 아주 작은 빌미에도 우리는 행동을 주저한다. 신경과학자 앤드루 휴버먼은 리허설을 강조했다. 해야 할 모든 상황을 미리 상상해보는 것이다. 구체적이고 생생할수록 좋다. 이 상상은 행동까지의 과정에 제약 사항을 줄이는 역할을 한다. 뇌 속에 '변연계 마찰'을 줄여 행동 스트레스를 낮추는 것이다. 이 부분만 반복해도 좋은 습관을 쉽게 만들 수 있다.

리허설로도 행동이 어렵게 느껴질 때는 정체성이 구체화된 목표를 떠올린다. 나의 가장 소중한 감정이 담긴 목표를 이루면 그 감정을 느낄 수 있다. 궁극의 목표 최종 단계에서 1단계까지 모든 단계를 모두 확언해야 한다.

낫투두리스트 NOT-TO-DO-LIST

브레인 코치 짐 퀵은 엘리트 중에서도 상위 10퍼센트를 분석했는데 이 최상위 10퍼센트에게는 다른 점이 있었다. 오늘 하루 하지 말아야 할 행동을 기록한 것이다. 바로 '낫투두리스트'다.

모든 사람은 유혹에 이끌린다. 순간적인 감정에 휩쓸린다. 자신도 모르게 나쁜 습관대로 행동하게 된다. 따라서 하지 말아야 할 것을 미리 정의해야 한다. 뭔가를 하기 전에 미리 인지하고 무의식에 의식의 브레이크를 거는 것이다.

이를 더욱 효과적으로 할 수 있는 것이 바로 확언이다. 다른 모든 것은 긍정적인 감정을 느껴야 한다. 반대로 낫투두리스트는 독특하게도 실패의 감정을 느껴야 한다. 이 행동을 했을 때 내가 어떤 방향으로 나아갈지 상상해보는 것이다. 하루에 해야 할 것들을 하지 못한 데 대한 불쾌감을 느낀다. 무의식적으로 떨쳐내고 싶은 습관에 부정적인 감정을 연결하는 작업이다.

나의 낫투두리스트는 따분할 때 나오는 행동이다. 일이 잘 풀리지 않을 때면 자연스럽게 스마트폰으로 손이 간다. 아주 간편하게 즐거울 수 있는 것은 숏 영상이다. 짧은 영상이기 때문에 금방 30분이 지나가 있다. 그 순간은 재밌다. 하지만 정신을 차리고 나면 후회가 몰려온다. '아, 나의 소중한 30분이 이렇게 흘러가다니!' 이런 시간을 보내고 나면 다시 일에 손이 잘 가지 않는다. 마음이 붕 뜬 느낌이다.

순간적으로 따분한 감정이 들 순 있다. 하지만 그렇다고 해서 스마트폰으로 손이 가면 안 된다. 다시 일을 시작해야 할 때 방해하기 때문이다. 이보다 안 좋은 행동이 있을까? 나의 발목을 잡는 행동을 지속하면 가장 소중하게 생각하는 목표를 달성하지 못할 것이다. 나의 행복을 앗아가는 행동이다.

앞의 투두리스트에서는 목표 달성을 통해 느낄 소중한 감정을 떠올렸다. 여기서는 이를 빼앗아가는 감정을 느끼면 된다. 지금 하지 말아야 할 행동에 최악의 감정을 붙여 무의식에 나쁜 습관과 나쁜 감정을 연결하는 작업이다.

작심만일 확언 과정

1. 정체성 문장 → 정체성 시각화 → 긍정적인 감정 느끼기

2. 궁극의 목표 단계별 문장 → 목표 시각화 → 긍정적인 감정 느끼기

3. 투두리스트 문장 → 행동 시각화 → 성취감 느끼기

4. 낫투두리스트 문장 → 행동 시각화 → 실패 감정 느끼기

이 문장들을 순서대로 확언한다. 내가 가야 할 방향을 명확히 하고 소중한 감정을 느낀다. 도달해야 할 지점도 다시 확인한다. 그러기 위해 무엇을 해야 하는지 상상한다. 그리고 하지 말아야 할 행동까지 그려본다.

하루를 충실하게 살고 싶다면 내가 나아가고자 하는 방향을 매일 떠올려야 한다. 왜 그곳을 향해 가야 하는지 생각해보자. 그래서 내가 달성해야 하는 목표는 무엇인가? 목표를 달성하려면 어떤 과정이 필요한가? 그래서 오늘 해야 할 일은 무엇인가? 나의 나쁜 습관은 무엇인가? 그것을 적어보자.

우리에게 잠재된 능력을 끌어내려면 시각화와 감정이 중요하다. 자신이 설정한 정체성 목표, 해야 할 것, 하지 말아야 할 것을 하루에 여러 번 반복하면서 시각화하고 감정을 느껴보자. 이것이 아침에 일어나서 가장 먼저 해야 할 일이자 그날 하루의 길을 만드는 작업이다. 이렇게 확언하고 나면 하루를 어떻게 보내야 할지 명확해진다. 어렴풋한 생각이 구체적인 행동으로 나올 수 있다.

변화는 쉽게 일어나지 않는다. 인간의 마인드는 항상성을 유지하려고 한다. 무의식에는 이전의 방식과 행동이 각인되어 있어 정체성에 충실하려는 마음과 충돌하고 우리를 괴롭힌다. 올바른 길이 나와 있음에도 우리의 말과 행동은 언제든지 선로를 이탈하려고 한다. 누구에게나 일어나는 일이다. 누구나 각자의 도피처로 떠나 현실에서 벗어나고픈 유혹에 흔들린다. 어떻게 이를 뿌리칠 수 있을까?

매일 눈을 뜨자마자 한 번, 자기 직전에 한 번 확언을 해보자. 물론 하루에 여러 번 하는 것도 가능하다. 소중한 감정을 느끼게 해주는 행동은 모두 나와 있다. 목표 달성 프로세스로 구체화되었고 오늘 해야 할 행동도 정리되어 있다. 하지 않을 이유가 없다. 이 상상은 10분 안에 끝난다. 하루 10분 안에 에너지를 모두 충전하고 가야 할 길과 가지 말아야 할 길을 명확히 구분한다. 이 모든 것이 나를 목표를 향하는 길로 인도한다. 그 어떤 방해도 이제 두렵지 않다. 목표 달성을 위한 궁극의 무기를 장착했기 때문이다.

10분은 별것 아닌 것 같지만 이 작은 시간은 그날 24시간 내내 어마어마한 영향을 미친다. 늘 꾸준히 성장하는 하루를 보내도록 하자.

작심만일 실천법

1. 지금 갖고 있는 목표를 정체성과 연관해 시각화하고 감정을 느껴보세요.
2. 매일 아침과 잠들기 전에 정체성, 목표, 투두리스트, 낫투두리스트를 확언하세요.
3. 구체적으로 어떤 것을 시각화하고 어떤 감정을 느꼈나요?

나오며

성공의 여정은 작심만일로 시작된다

"누가 내 등잔의 심지에서 불을 붙여 가더라도 불은 줄어들지 않는다.
관념은 자유롭게 확산되어야 한다. 이는 자연이 준 특이하고도 자비로운 선물이다.
구석구석 비추며 사방으로 퍼져가는 빛처럼, 우리가 그 속에서 숨 쉬고 존재하는 공기처럼
자연은 배타적인 소유나 제한이 없도록 우리의 관념을 만들었다."
_토머스 제퍼슨

———

고등학교 3학년 때 나는 이른바 '문제아'였다. 당시 나는 학교 교육제
도에 불만이 컸다. 틀에 박힌 입시와 학교의 제도는 내게 의문투성이
였다. 부당한 것을 참지 않았던 나는 강제적인 야간 수업에 불만이 있
었다. 사실 나 말고도 많은 학생이 야간 수업을 원하지 않았지만 억지
로 할 수밖에 없는 분위기였다. 선생님이 야간 수업 참여 여부를 물을
때 나는 손을 들며 하지 않겠다고 했다. 이런 나를 보고 한두 명씩 따
라 손을 들었다. 그렇게 전교생이 모두 참여하는 야간 수업에 우리 반

에서만 여덟 명이 빠지게 되었다. 이런 나를 몇몇 선생님들은 못마땅히 여겼고 자연스레 나는 교무실에 자주 불려가게 되었다.

"네가 성적이라도 잘 나오면 말을 안 해."

당시 담임 선생님에게 들었던 말이다. 그렇다. 나는 성적이 그저 그랬다. 열심히 공부했지만 결과는 좋지도 않고 나쁘지도 않았다. 열심히 하는 만큼 결과가 나오지 않는 학생이었다. 나도 좋은 성적을 받고 싶었다. 명문대에 가고 싶었고 캠퍼스의 낭만을 즐기고 싶었다. 나와 뜻이 맞는 사람들을 만나 함께 미래를 그려나가고 싶었다.

열심히 하면 서울에 있는 대학에는 입학할 수 있으리라 생각했다. 그런 생각으로 매일 공부했지만 현실은 달랐다. 내 성적으로는 원하는 학교에 갈 수 없었다.

"우리 아들이 좋은 대학을 가면 참 좋겠구나."

부모님 역시 걱정을 많이 했다. 교육에 관한 지원도 아끼지 않았고 월 200만 원 비용의 기숙학원까지 다니도록 해주었다. 특히 아버지는 내가 좋은 환경에서 성장하기를 바랐다. 군 장교로 입대하기를 원했으며 더욱더 좋은 교육을 받기를 바랐다. 그것이 아버지의 생애 남은 소원이라고까지 말하기도 했다.

아버지는 건강이 좋지 않았고 암 진단을 받은 상태였다. 희망을 품고 있어야 하는 시기였기에 나도 아버지의 기대에 부응하고 싶었다. 하지만 반대로 두렵기도 했다. 내가 좋은 결과를 내지 못하면 아버지의 희망을 앗아갈 것이라고 느꼈다.

안타깝게도 결과는 좋지 않았다. 내 수능 성적은 평균 5등급이었다. 수능, 재수 모두 결과가 같았다. 물심양면으로 지원해주신 부모님에게 죄송했다. 부모님의 기대에 부응하지 못하는 나 자신이 답답했고 스스로에 대한 실망감에서 벗어나기 힘들었다.

돌아보면 의지는 충만했지만 행동은 빈약했던 시절이었다. 누구보다 열심히 했다고 할 수도 없었다. 방식도 올바르지 않다. 당연히 결과가 처참할 수밖에 없다. 그렇게 나는 실패의 인생을 걸었다.

'왜 나는 하는 일마다 잘 안 되는 거지?'

방바닥에 누워 하염없이 눈물을 흘렸다. 아직도 그때의 기억이 뚜렷하다. 책장 유리에 비친 내 모습이 처량했다. 아버지는 건강이 악화되어 돌아가셨다. 나는 불효자였다. 학창 시절 성적도 낮았고 교무실에 자주 불려가는 문제아였다. 무엇보다 아버지의 마지막 소원을 들어드리지 못했다. 인생에서 너무나 힘든 시기였다.

다행히도 시간이 지나 나는 아버지의 소원을 모두 이룰 수 있었다. 중위권 대학으로 편입했고 그 후 명문대에서 석사과정까지 마쳤다. 장교로 군 복무 중 극소수의 인원만 차출 받는 국군기무사령부에서 근무했다. 그렇게 군대 역시 명예롭게 제대했다.

이 소식을 가장 좋아할 분이 아버지였다. 내가 잘되는 걸 가장 보고 싶어 했고 분명 누구보다 기뻐했을 것이다. 하지만 안타깝게도 나는 아버지가 돌아가신 뒤 이 모든 것을 해낼 수 있었다. 아직도 이 사실이 마음의 짐으로 남아 있다. 더 일찍이 이뤘어야 했다는 아쉬움이 남는다. 원하는 것을 제때 얻지 못하면 평생 마음의 짐이 될 수 있다는 걸 그때 깨달았다.

바뀌어야만 했다. 더 이상 이런 상황을 만들고 싶지 않았다. 실패를 반복하고 싶지 않았고 소중한 사람과 함께 즐거움을 나누고 싶었다. 그러기 위해서는 지금보다 훨씬 능력이 뛰어나야 했다. 간절한 마음은 성공을 담보하지 않는다. 마음은 잘 설계된 방식 위에 놓여야 한다. 그러려면 체계적으로 성장할 수 있는 원리를 체득해야 한다.

유튜브 '작심만일'은 나의 성장을 위해 진행한 일이었다. 나는 뛰어난 성공을 이뤄낸 사람들의 성공 원리를 학습하고 싶었다. 그 과정에서 모든 사람과 공유할 가치가 있는 내용을 콘텐츠화했다. 수천 건의 인터뷰와 강연을 봤고 수많은 서적을 탐독했다. 그리고 이 모든 것을 내 사고의 흐름으로 재정립하기 시작했다. 그 결과가 바로 지금의 '작심만일'이다.

그전의 나는 무기력한 인생을 살았다. 더 나아지고 싶어 발버둥질 쳤지만 늘 제자리걸음이었다. 안타깝게도 그건 오로지 내 부족함 때문이었다. 성공의 요인은 이미 도처에 널려 있었다. 다만 내 것으로 만들지 못했을 뿐이다. 무엇이 본질인지 파악할 수 없었기 때문이다. 그래서 나는 꿈꾸게 되었다. 나처럼 성공이 간절한 사람들에게 본질을 전달하고 스스로 일어설 힘을 주고 싶었다.

한 사람에게 목표 달성은 인생의 의미를 추구하는 과정이다. 자신의 이상향을 실현하는 과정이기 때문이다. 누구나 스스로 자신의 인생을 그려나가며 어떤 도움을 받지 않고도 삶을 영위하게 만들어 주고 싶었다. 무기력한 인생에 중심을 잡아주고 싶었다. 그것이 개인의 성장을 도와주는 가장 강력한 방법임을 알게 되었기 때문이다.

작심만일 프로세스는 모든 곳에 활용할 수 있다. 작심만일의 강점은 범용성이다. 결코 특정 한 분야에 매몰되지 않는다. 따라서 개인뿐 아니라 기업에도 작심만일은 필요하다. 기업은 문제 해결을 위해 조직된 집단이기 때문이다. 특히 기업에서 목표 달성은 생존의 문제다.

심지어 당신은 돈 한 푼 들이지 않고 성장할 수 있다. 고액 강의, 컨설팅이 없어도 성장할 수 있는 시대가 되었다. 당신이 무엇을 원하든 말이다. 외국어, 사업, 부업, 작가, 운동 등 모든 분야에서 작심만일은 단 한 번의 학습으로 스스로 일어설 수 있는 가치를 추구한다. 누구나 생각하고 행동하는 보편적 원리를 통해 성장을 도모하기 때문이다.

성장의 불꽃을 끊임없이 이어나가라

성공의 원리는 모두 공개되었다. 이제는 증명해야 한다. 누구에게나 성장의 원리는 열려 있다. 이를 체화하는 사람이 극히 드물 뿐이다.

대부분은 성공하고 난 뒤 자신의 발자취를 기록한다. 여러 족적을 남긴 다음에 자신의 성공 원리를 공개하는 경우가 많다. 나는 반대다. 이제 시작이다. 성공 원리를 먼저 정립하고 싶었다. 압도적으로 성장하고 싶었기 때문이다. 이제 나 자신이 행동과 결과로 증명해 보일 것이다. 《오늘부터 작심만일》은 내 출사표인 셈이다.

앞으로 목표의 본질을 모두 밝혀내고 이를 적용해 압도적 성장을 이끌 것이다. 분야에 상관없이 도전하고 원리를 낱낱이 공개할 것이다. 올바른 가치는 널리 퍼져나가야 한다. 내가 만들어갈 성공의 원리는 세상의 구석구석을 밝힐 것이다.

지금부터 증명의 삶이 시작되었다. 나의 정체성은 '본질을 적중시켜 모든 사람이 자립하도록 돕는 행동하는 철학자'다. 궁극의 목표는 '연간 국내 최다 기업 인재를 양성하는 교육 기관 설립'이다. 이를 위한 여정이 시작되었다. 유튜브 성공은 가장 낮은 단계인 궁극의 목표 1단계였다. 이제 2단계에 도전할 차례다.

목표 설정에서 이미 사례로 공개했다. 지금의 내 목표는 책 출간으로 '자기계발 베스트셀러 5위에 진입하기'다. 초보 작가에게는 쉽지 않은 도전이다. 대부분 사람은 목표를 공개적으로 밝히지 못한다. 특히 인지도가 있으면 더 그렇다. 실패가 두렵기 때문이다. 심지어 나는 퍼포먼스 코치다. 타인의 성장을 도와주는 일을 한다. 내가 목표 달성에 실패하면 곧장 서비스의 신뢰도도 추락할 것이다.

특별히 내 목표를 공개하지 않은 채 준비할 시간을 가지려 했다. 좋은 결과가 생기면 공개하고자 했다. 하지만 생각을 고쳤다. 성장하기 위해서는 자신을 드러내는 것이 훨씬 유리하다. 도전에 실패하면 신뢰도가 떨어질 수 있지만 그보다 중요한 것은 그 경험을 어떻게 활용하고 나아가는지다. 나는 실패마저 성공의 요인으로 전환해 나의 실패를 다른 사람의 성공 원리로 만들 것이다. 이로써 사람들이 자립하는 데 도움이 되도록 할 것이다.

앞으로 내가 나아갈 원칙은 모두 이 책에 담았다. 철학이라고 하면 조금 거창하며 사고관이라고 할 수 있을 것 같다. 작심만일 사고관은 성장에 초점을 맞춘다. 다른 사람들의 성공 원리를 차용해서 내 삶에 적용하고 점점 자신만의 길을 만들어가는 것이다. 이 작심만일의 사고관은 당신의 사고관을 정립하는 데 도움이 될 것이다.

나는 불완전한 인간이다. 부족한 점도 너무나 많다. 하지만 끊임없이 성장을 추구하고 행동하며 증명해낼 것이다. 나의 성장이 타인의 희망으로 다가가길 바란다. 작심만일을 통해 성장의 불을 지폈다. 이제 그 등잔의 심지에 모두가 불을 붙여갔으면 한다. 이 불은 당신 내면의 어두운 구석에 빛을 비추게 될 것이다. 함께 성장의 불꽃을 이어나가자. 나는 당신의 성공 마인드 동반자로 늘 곁에서 응원할 것이다. 오늘도 나는 한 걸음 더 나아갈 것이다. 당신은 오늘 하루를 어떻게 보낼 것인가?

作心萬日